내 인생 구하기

내 인생 구하기

삶을 마냥 흘려보내고 있는 무기력한 방관주의자를 위한 개입의 기술

개리 비숍 지음 | 이지연 옮김

웅진 지식하우스

비빌 언덕도, 희망도 없는 사람들, 좌절하고 패배한 이들에게 이 책을 바칩니다. 오늘부터 새로 시작하면 됩니다. 나는 당신의 과거에 관심이 없습니다. 그러니 당신도 과거에 관심을 갖지 마세요.

아름다운 아내와 늘 힘을 주는 아들들, 고맙습니다. 당신들이 없었다면 나는 결코 지금과 같은 사람이 되지 못했을 겁니다. 내가 세상을 조금이나마 좋은 쪽으로 바꾸는 데 매진할 수 있는 것은 모두 당신들의 넓은 마음과 사랑 덕분입니다.

CONTENTS

Chapter Three
모든 게 질렸다.
나이가 들었기 때문이다

Chapter Four
원치 않게 내던져진 이 집구석을 이해해보려고
우리는 안간힘을 쓴다

Chapter Five
그렇다고 매번 스스로를
피해자로 만드는 건 아니겠지

Chapter Nine

인생에 무슨 짓을 해왔는지
두 눈 뜨고 똑바로 봐야 한다

Chapter Ten

과거가 아닌 미래를 참고해
결정을 내리는 사람의 결과

Chapter Eleven

자기 자신을 의심하지 않을 때
비로소 가능한 변화들

Chapter One

내 목표는 딱 한 사람을
변화시키는 것이다.
바로 당신

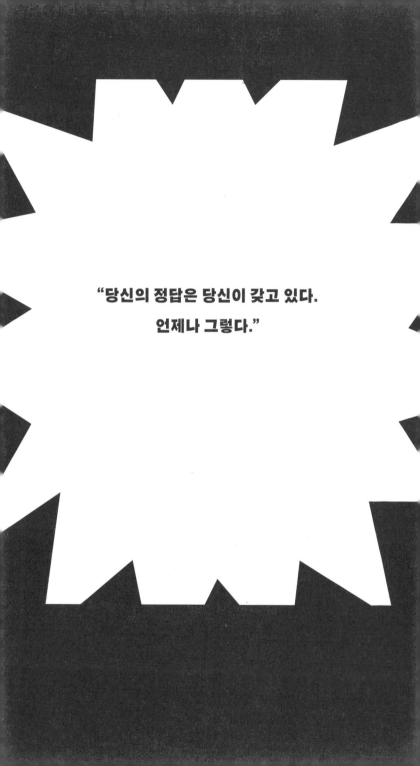

"당신의 정답은 당신이 갖고 있다.

언제나 그렇다."

언젠가 누가 이런 질문을 했다. "모든 인간의 중심에는 뭐가 있을까요?"

내가 대답했다. "헛짓거리요."

잠시 초조하게 발등만 내려다보던 상대는 한바탕 두서없는 질문을 퍼부어 어색한 분위기를 덮었다.

보아하니 뭔가 뉴에이지 스타일의 형이상학적인 답을 기대한 듯했다. 얽매이지 않는 영혼이니, 원시림의 정수니, 우주먼지의 입자니, 뭐 그런 동화 같은 얘기 말이다. 하지만 나의 대답은 명료했고, 지금도 변함이 없다. 내가 사람들(물론 나도 사람이다. 당신도 마찬가지고)을 겪어본 결과, 온갖 긍정적 생각과 희망 등을 치우고 나면 그 아래에는 완전히 다른 짐승이 도사리고 있다. 다들 믿고 싶어 하는 것처럼 우리에게 힘을 주고 위안을 주는 그런 존재는 없다. 사악하거나 악랄하다기보다는 냉소적이고 반복적이고, 궁극적으로는 결코 만족을 모르는 짐승이 있다.

인생을 좀먹는 그런 것, 정확히 말하면 인생을 망쳐놓는 짐승이 거기 있다.

이 작은 책은 당신이 하는 헛짓거리의 정체를 밝히고 그걸 완전히 바꿔놓으려는 노력이다. 끊임없이 당신 인생을 망치고 있는 바로 그 헛짓거리 말이다.

그러니 당신이 만약 지쳐 있고, 버겁고, 가로막히고, 사랑받지 못하고, 지루하고, 돈도 없고, 너무 불안하고, 지나치게 분석만 하고, 자신이 없고, 의욕이 없고, 단절됐고, 방향을 잘못 잡았고, 바닥을 쳤고, 과거에 빠져 있고, 화나고, 용서가 안 되고, 미래가 걱정되고, 두렵고, 못 믿겠고, 아니면 그냥 만날 똑같은 짓만 반복하고 있다면 내가 바로 당신이 찾던 그 사람이고, 이 책이 바로 당신이 찾던 그 책이다.

정말이다. 당신은 이 책이 필요하다. 그냥 읽기만 하지 말고, 이 책을 '이용'해라.

당신에게 인생이 버겁다면
실제로 버거운 거다

지난번 『시작의 기술』에서는 누구나 겪고 있는 내면의 끊임없는 독백에 관해 이야기했다. 매일 매 순간 우리 머릿속에서는 각종 의견과 판단, 이유, 두려움, 핑계 들이 우당탕탕 굴러다닌다. 소음은 시끄러울 때도 있고 나지막할 때도 있지만 늘 존재한다는 사실만큼은 변함이 없다. 당신이 나누는 '자기 대화'는 인생의 로커룸과 같다. 그곳에서 모든 문제의 전략을 세우고 답을 찾는다. 당신을 위한 계획이 사는 곳도, 죽는 곳도 거기다.

그런 계획의 대부분은 세상의 빛을 보지 못한다. 특히 나 좋은 계획, 좋은 꿈은 말이다. 당신은 생각나는 족족 그 것들을 죽여버린다. 이미 머릿속에서 말이다.

사람들은 살아 있는 대화에 불과하다. 내면의 대화든, 입으로 뱉 는 대화든 말이다. 대화가 몸을 입은 것이 곧 사람이다. 뼈에 가죽 을 입혀놓은 게 떠드는데 별의별 말을 다 한다. 그리고 그 말의 한 계가 곧 그 인생의 한계다.

간단히 말해서 당신은 당신이 하는 말이다. 아니, 좀 더 정확히 말하면 당신이 하는 말의 '본질'이 바로 당신이다. 당신에게 인생이 버겁다면 실제로 버거운 거다. 혼란이 생 기는 이유는 '나는 눈에 보이는 그대로를 말할 뿐'이라고 생 각하기 때문이다. 하지만 사실은 거꾸로다. 실제로는 당신 은 자기 대화를 거쳐 인생 경험을 창조하고, 그런 다음 거 기에 맞춰서 행동한다. 언제나 그랬다. 당신이 상대하고 있 는 것은 결단코 '있는 그대로'의 인생이 아니다. 당신이 상 대하는 건 인생에 대한 당신의 '의견'이다. 사람에 따라 인 생에 대한 경험이 그토록 다양한 이유가 바로 그 때문이다.

인생은 그냥 '있다'. 그 인생을 뭐라고 부를지는 당신 마음이다. 하지만 당신은 스스로 이름 붙인 바로 그 인생을 살아가야 한다는 사실을 잊지 마라. 우리는 실제로 그렇게 살고 있다.

내가 무슨 새로운 얘기를 하고 있는 게 아니다.

수많은 철학자들이 언어의 중요성을 탐구했고 우리가 겪는 모든 경험은 절대적으로 언어가 규정한다고 생각했다. 당신이 느끼는 (혹은 느끼지 못하는) 그 기분은 당신만의 언어로 구성된다. 당신의 말이 곧 당신의 인생이다.

아주 실질적인 의미에서 당신의 감정과 자기 대화는 끊임없이 서로 주거니 받거니 하며 인생을 이리저리 휘젓고 다니고 있다. 사회 전체의 차원에서 우리는 감정을 긍정적으로 바꾸는 데 점점 중독되었다. 더 행복하고, 더 자신감 넘치고, 뭐가 됐든 그 기분을 더 많이 느끼려고 한다. 그러면서도 정작 그런 상태에 놓이게 하는 실체에 대해서는 알아보려 하지 않는다.

이 책은 우리가 『시작의 기술』에서 시작한 작업을 한층 더 높은 수준으로 끌어올린다. 당신만의 자기 대화가 무엇인지 마침내 밝혀내고, 그게 왜 형편없는 모든 것의 근원으로 남았는지 알아낼 것이다. 일상을 살면서 우리는 내면에서 지껄여대는 그 목소리의 기분과 감정을 뻔히 겪으면서도 그게 '정말로 하려는 말'이 무엇인지는 굳이 알아보려 하지 않는다. 내가 왜 나 자신한테 그런 식으로 말하는지 한 번이라도 알고 싶었다면, 좀 더 구체적으로는 그런 대화를 몰아가는 게 과연 뭔지 알고 싶다면 이 책을 계속 읽어나가기 바란다.

죽은 바퀴벌레를 카펫 밑으로
슬쩍 밀어 넣는 습관

내가 또 그 흔한 '긍정적 사고'를 들먹일 참이라고 당신이 지레짐작하기 전에 한 가지 분명히 짚고 넘어가자. 부정적 헛소리를 극복하기 위해 단순히 자기 대화를 '나는 이만하면 훌륭해', '나는 이만하면 똑똑해', '나는 사랑받고 있어'처럼 우쭈쭈 모드로 바꾸는 것만으로는 모두가 효과를 볼 수는 없다. 거기에는 이유가 있다.

이런 접근의 문제점은 '똥통'을 제대로 상대하지 않는다는 데 있다. 당신의 어떤 모습이 싫다고 해서 바로 다른 모습이 될 수는 없다. 필요한 과정을 막 건너뛸 수는 없다. 그건 정서적으로 보면, 마치 친구가 오기 전에 얼른 죽은 바퀴벌레를 카펫 밑으로 쓸어 넣는 것과 같다. 겉으로는 멀쩡해 보여도 마음속으로는 죽은 바퀴벌레가 거기 있다는 사실을 당신은 알고 있다. 우리의 마음도 똑같다. 부정적 감정을 정신의 카펫 밑에 쓸어 넣어봤자, 마음속 깊은 곳에서는 그게 사실이 아니라는 걸 알고 있다. 무엇이 진실에 가까운지 알고 있다. 이는 마치 스스로에게 거짓말을 하고 있으나 그 사실을 믿지 않는 것과 같다. 속고 속이는 게임 같은 것이다.

이 책은 바로 그 카펫 밑을 들추려고 한다. 숨어 있는 감정의 바퀴벌레들을 드러내서 당신을 해방시키고, 어떤 '척'을 하는 게 아니라 진짜 그렇게 되도록 만들려고 한다.

나는 사람들에게 힘을 불어넣는 게 좋다. 사람들의 인생을 조금이라도 좋은 쪽으로 바꾸는 데 도움이 될 만한 일을 하는 것이 나에게는 평생의 업이다. 하지만 그러기 위해서 사람들에게 당신은 아주 근사하다거나, 언젠가 당신에게도 때가 올 거라거나, 매사에는 다 이유가 있다거나, 혹은 일부 사람들이 받아들인 그 어떤 깨달음에 관한 얘기를 늘어놓지는 않는다.

그냥 직설적으로 말한다. 두 눈을 똑바로 쳐다보며. 당신이 문제다. 그리고 당신이 해결책이다.

나는 수많은 철학자와 과학자, 위대한 석학 들을 괴롭혀온 난제를 풀 수 있다고 생각할 만큼 오만하지 않다. 내목표는 딱 한 사람을 변화시키는 것이다. 바로 당신. 그게 전부다. 책을 읽고 있는 당신이 이 책의 내용을 애인, 배우자, 아버지, 친구, 상사, 전 남편, 전 부인에게 적용할 방법을 고민하고 있다면 완전히 헛다리를 짚고 있다.

이 책은 '당신'을 위한 책이고 '당신'에 관한 책이다.

토 달지 마라.

이 책은 당신의 사고방식에 순간적으로 강한 충격을 주려고 한다. 정답을 알려주려고 이 책을 쓰는 게 아니다. 당신의 정답은 당신이 갖고 있다. 언제나 그렇다. 이 책은 말하자면 부스터 같은 것이다. 새로운 관점과 질문으로 당신 내면의 무언가에 불을 댕겨서 강한 추진력과 새로운 방식으로 인생을 대하게 만들려고 한다.

**스스로에게 어떤 훼방을
놓고 있는지 이해한다면**

자극이든, 동기부여든, 열정이든, 뭐가 됐든 당신이 인생에서 찾고 있는 그것은 당신이 갖고 있다. 과거에도 그랬고, 지금도 그렇고, 앞으로도 그럴 것이다.

원하는 인생을 살려면 지금도, 앞으로도 당신이 선택의 주체가 되어야 한다. 이 책은 말하자면 자아를 발견하는 여정이다. 당신의

천성이 무엇인지 찬찬히 생각해보고, 그것을 밝혀내고, 궁극적으로는 그것을 드러내야 한다. 그렇게 해서 당신의 기원을 이해한다면 인생의 향방을 바꿀 확률도 그만큼 커진다.

이 책에서는 내가 연구한 '도시 철학'이라는 접근법을 사용했다. 이것을 '철학'이라고 부르는 이유는 살아 있다는 게 뭔지, 인간이라는 게 뭔지에 관한 하나의 시각이자 관점이기 때문이다. 말하자면 일관된 행복이나 성공을 향해 복잡하고 두려운 과정을 열심히 한번 헤쳐나가 보려는 시도이다. 굳이 '도시' 철학이라고 부르는 건 인생의 가장 큰 교훈들은 어린 시절, 글래스고 길거리에서 배웠기 때문이다. 규칙은 단순하고 결과는 칼 같았던 그곳에서 말이다.

자신의 성향을 직시하고 스스로에게 어떤 훼방을 놓고 있는지 이해한다면 스스로 초래한 늪에서 빠져나올 수 있다. 그리고 두 번 다시 없을 진정한 자유를 경험하게 될 것이다. 그러기 위해서는 처음에는 좀 내키지 않는 혼란을 경험해야 할 수도 있다. 하지만 그게 바로 핵심이다.

나의 의도는 명확하다. 생각하고, 생각하고, 또 생각해서 당신 스스로 빠져든 혼란과 자기 파멸적 행동으로부터 빠져나오게 할 것이다. 진정한 사고란 당신의 기존 패러다임(당신이 알고 있는 모든 것)에 이의를 제기하고 그것을 중단할 때에만 일어날 수 있다.

이런 식의 사고는 쉽지 않다. 다른 대안, 한 번도 생각해보지 않은 어떤 것 혹은 기껏해야 부분적으로밖에 생각해보지 못했던 어떤 것을 말 그대로 억지로 생각해보고 내 삶과 연결 지어볼 때, 그처럼 생각을 확장할 때에만 이런 사고가 가능하다. 사고란 '끼어들기'다. 인생의 진정한 돌파구란 인생이 내던지는 것들에 기계적으로 반응하지 않고 스스로 끼어들 때에만 마련된다.

독일의 철학자 마르틴 하이데거는 이렇게 말했다. "이토록 생각이 필요한 시대에 가장 많이 생각해봐야 할 문제는 우리가 아직도 사고하고 있지 않다는 사실이다."

당신은 '생각'을 안 한다. 흠칫하겠지만, 사실이지 않은가?

당신이 지금 성능 좋은 다이슨 청소기처럼 쪽쪽 빨아들

이고 있는 푸짐한 벤티 사이즈 무설탕 시나몬 돌체 소이 라테가 목구멍에 탁 걸리라고 하는 소리가 아니다. 실제로 자신에게 새로운 생명력을 불어넣어 줄 생각을 하는 데에 쓰는 시간은 거의 없다. 그렇다. 휴대전화 화면을 쓱쓱 내리면서 인스타그램에 올라온 명언들을 훑어보는 것을 '생각'이라고 하지는 않는다.

그래서 뭘 어떻게 할까? 그건 당신에게 달렸다. 그렇게 생각만 한 채로 가만히 앉아만 있을 것인가. 어쩌면 당신이 그 망할 놈의 삶을 바꿀 수도 있지 않을까?

어쩌면 죽기 직전에 잠을 깰지도 모른다.
이미 너무 늦었지만

하지만 저절로 그렇게 되지는 않는다. 이건 당신 삶이고, 노력이 필요하다. 당신은 내가 하는 말에 토를 다느라 시간을 보낼 수도 있고, 아니면 내 말을 토대로 스스로에게 의문을 제기할 수도 있다. 어느 쪽을 택하느냐에 따라 결과가 달라질 것이다. 어느 쪽이 당신의 삶을 바꾸고 어느 쪽은 계속 쳇바퀴를 돌게 만들지 너무나 분명하지 않은가?

그러려면 깨어나야 한다.

일상생활에서 당신은 대부분 정해진 순서를 반복한다. 출퇴근길에 출구를 잘못 나가고, 바지와 신발, 재킷을 매번 똑같은 식으로 입고, 늘 하는 식으로 양치질을 하고, 크게 보면 인생을 그럭저럭 살아가는 것은 그 때문이다. 기계적으로 사는 것이다.

당신은 정신을 바짝 차리고 있지 않다. 잠재력에 눈뜨고 있지 않다. 당신의 존재를 밝혀줄 무엇을 의식하고 있지 않다. 이 모든 것을 가치 있게 만들어줄, 인생을 바꿔놓을 일들을 하지 않고 있다.

당신이 '깨어 있다'고 생각하는 게 실은 잠들어 있는 것이다. 어쩌면 죽기 직전에 가서는 잠을 깰지도 모른다. 하지만 그때는 이미 너무 늦었다.

이제부터 당신이 닻처럼 의지하는 그것을 끊어버리는

수준의 도약이 필요할지도 모른다. 우리는 수십 년 치의 달갑지 않은 갈등, 불만, 인생을 훼방놓았던 경험들을 헤집고 다녀야 할지 모른다. 괜찮다. 그런다고 죽지는 않을 것이다. 과감히 뛰어내려라.

편안한 과정은 아닐지 모른다. 어떤 이들은 안 좋은 소식처럼 들리는 얘기만 잔뜩 듣게 될 수도 있다.

흠, 뭐.

이 책에는 유니콘도, 희열도, 딱히 동정 어린 시선도 없다. 그런 것들은 딴 데 가서 알아보라. 이 책은 그런 용도가 아니니까. 다만 나도 당신에게 한 가지는 약속할 수 있다. 이 책을 끝까지 읽는다면, 잠재의식 속의 동기를 밝혀내고 '생각'을 하고 이 책의 아이디어와 원칙을 적용한다면 당신은 어느 때보다 자신을 이해하게 될 것이다. 그리고 마침내 당신 삶을 되찾아오는 데 필요한 것들을 손에 넣게 될 것이다.

어떻게, 나와 함께 해볼 텐가?

Chapter Two

하겠다고 말한 일을
정말로 하고 싶지 않을 때조차
해보는 것

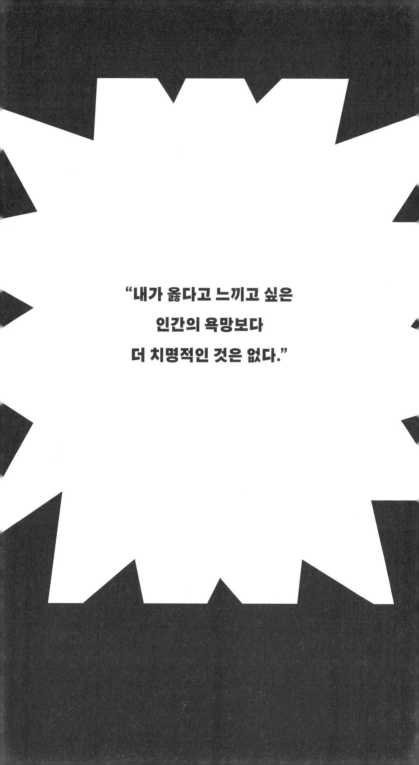

"내가 옳다고 느끼고 싶은
인간의 욕망보다
더 치명적인 것은 없다."

이 책은 나 자신에게 다음과 같은 간단한 질문을 하면서 시작되었다.

'왜지?'

'내 인생은 왜 이렇지?'

인생을 들여다보니 대부분은 썩 내 마음에 들지 않는 방향으로 가고 있었다. 내가 어떤 노력을 하든 인생의 특정 영역에는 늘 어떤 불가피함이 있는 것 같았다. 불룩한 뱃살. 텅 빈 통장. 몇몇 인간관계. 젠장. 그동안 그렇게 부지런하게 일했는데, 통장 잔액은 아직도 마이너스라고? 토니 로빈스(라이프 코치로 유명한 미국의 저술가 겸 강연가-옮긴이)처럼 개인용 헬리콥터, 제트기, 잠수함은 대체 언제 생기는 거야?

왜 제대로 된 변화를 한 번도 만들어내지 못했을까? 돈을 못 버는 것도 아니다. 그런데도 나는 왜 늘 돈이 모이지 않는걸까? 살 빼는 방법을 모르지 않는다. 그런데도 왜 늘 잠깐밖에 살을 빼지 못하는 걸까? 아무리 노력해도 나는 계속해서 이런 식으로 잘되다가, 망했다가, 다시 잘되다가, 망했다가를 반복하며 결국에는 출발했던 그 자리로 되돌아왔다. 심지어 오락가락을 반복하다가 출발점보다 더 뒤로 밀려난 적도 있었다.

계속해서 같은 패턴을 반복하고 똑같은 실수를 저지른다는 것을 아는데도 소용이 없었다. 당신과 마찬가지로 나도 바보 천치는 아닌데 말이다. 뭘 잘못했는지 뻔히 알고 있었다. 하지만 아무리 열심히 노력해도 결국 어쩔 수 없이 늘 하던 일들을 계속할 수밖에 없었다. 그 패턴을 멈추기에 나는 무력해 보였다. 젠장, 대체 이게 뭔……? 하고 싶은 일이 뭔지 알면서도, 뭔가가 나를 낚아챈 것처럼 늘 하던 대로 하고 있었다. 적자에 허덕이고, 파괴적인 옛날의 행동으로 되돌아갔다.

여기서 잠시 심호흡을 하고 당신 자신에게도 두 가지 질문을 해보라. 당신은 그 일을 왜 하는가? 자신에게 늘 내놓는 뻔한 답 말고, 더 깊이 들어가보라. '생각'하라. 계속 이대로 산다면 어디로 갈 것 같은가? '정말로' 어디로 갈 것 같은가? 미래에 대한 엉성한 개념 말고, 땅에 발을 딛고 서서 지금 사는 대로 살면 당신은 어디에 이를지 생각해보라. 어떤가? 답하기 힘든 질문들이라고 생각할 수도 있지만, 바로 이런 식으로 파고들어야만 자기 방해의 덫에서 풀려날 수 있다.

우리는 수백만 가지의 소소한 방법으로 자기 삶에 훼방을 놓기 일쑤다. 문제를 인지해야 뭔가 조치를 취할 수 있다. 자기 방해가 아주 파괴적인 행동을 낳기도 한다는 것 역시 제대로 알아야 한다. 자기 방해는 결혼 생활을 파탄 내고, 가족들을 찢어놓고, 술, 도박, 섹스 중독에 빠뜨리고, 바람을 피우게 만든다. 멀쩡하게 살 수 있는 사람의 인생을 쓰레기로 만드는 온갖 유해한 행동을 유발한다.

당신만큼 당신의 인생을 처참하게 박살낼 수 있는 사람은 아무도 없다. 그런데도 당신은 그렇게 한다.

사람들은 흔히 자신이 바란다고 말하는 것과 정반대인 행동 패턴에 갇혀 있다. 근시안적 자기 대화와 뻔하디뻔한 삶을 되풀이하게 만드는 행동 패턴에 발목 잡혀 있다.

삶이 제 궤도에 오른 것처럼 보일 때가 아무리 많았어도, 결국은 궤도를 벗어났다. 우리는 기껏 쌓아 올린 것을 무너뜨려버린다.

그렇다. 당신에게는 미룰 수 있는 일이
하나 더 생겼을 뿐이다.

삶을 다시 제 궤도에 올릴 방법을 찾다가 어디선가 이런 글을 보았다. 우리에게 필요한 것은 '의지력' 내지는 '수

양' 내지는 다른 무엇('정신력'은 언급조차 하고 싶지 않다……
웩)이라고 했다. 이런 용어들은 내 삶에서 진짜 변화가 결
여된 이유를 설명하는 데나 도움이 될 뿐인데 말이다.

이런 용어들은 전혀 쓸모가 없다. 이런 용어들은 아무
런 변화도 가져오지 않는다.

'의지력'이 대체 뭐란 말인가? 느낌? 감정? 기분?

'수양'은 또 뭔가? 생각인가? 행동인가? 아니면 이것도
느낌인가? 어디 자동차 뒤꽁무니에나 붙일 표어 같은 답
은 내놓지 마라. 생각을 좀 하라. 우리는 한번 의문을 가져
보지도 않고 이런 류의 말들을 사용한다.

당신 인생에 진짜 변화를 만들어야 할 때에 그런 식의
얄팍한 사고로 스스로에게 이유를 댄다면 눈곱만큼의 변
화도 만들어내지 못한다.

당신의 뒤로 미루는 성향을 극복하려면 자기 수양 같은
게 필요하다는 사실을 지금 알았다고 해서 실제로 해결되

는 것은 아무것도 없다. 당신은 늘 그래왔던 것처럼 여전히 그 자리에 갇혀 있다.

"아하, 작가 양반. 그래도 나는 그 자기 수양 책을 샀답니다. 그 책을 읽을 거예요…… 다음 주에."

그렇다. 당신에게 미룰 일이 하나 더 늘었을 뿐이다. 그리고 그 패턴은 계속 반복된다. 만약 당신의 앎이 아무런 변화도 만들어내지 못한다면, 당신이 안다고 생각하는 게 실제로 아는 게 아닐 것이다.

자기 수양이란 스스로 하겠다고 말한 일을 정말로 하고 싶지 않을 때조차 하는 것이다.

다시 말해 부정적인 기분이 들 때조차 긍정적인 행동을 하는 것이다. 이때의 행동이란 '행동하는 척'이 아니다. 그러니 만약 에너지가 솟거나 긍정적 기분이 들거나 열정이 생길 때까지, 혹은 당신의 차크라(요가에서 말하는 신체의 에너지가 모이는 곳—옮긴이)가 선명한 노란색으로 빛날 때까지 기다리고 있다면, 그렇게 실컷 기다려라. 아주 긴 기다

림이 될 것이다.

그런데 만약 당신이 할 일을 뒤로 미루는 사람이 아니라면 어떨까? 오히려 완전히 다른 사람이라면? 설명을 하자면 이렇다. 애초에 '할 일을 뒤로 미루는 사람' 따위는 없다. 그런 건 존재하지 않는다. 그것은 설명에 동원되는 용어에 불과하다. 존재하는 것은 '가끔씩 특정한 일과 관련해서 할 일을 미루는 누군가'이다. 누구나 가끔 똥을 싼다. 하지만 스스로를 '똥싸개'라고 부르지는 않지 않는가?

따라서 '나는 할 일을 뒤로 미루는 사람이에요'라고 말할 게 아니라, '나는 할 일을 뒤로 미뤄요'라고 말해야 한다. 당신은 어떤 '사람'이 아니라, 어떤 '행동'을 할 뿐이다. 그렇기에 그게 당신이 하는 행동에 불과하다면, 다른 행동을 하면 된다. 이것은 건강상의 특징이나 질병 내지는 당신이 '갖고 있는' 무언가가 아니다. 망할 놈의 '병'이 아니다.

> "더 이상 상황을 바꿀 수 없을 때는 우리 자신을 바꾸는 수밖에 없다."
>
> _빅터 프랭클

우리는 그냥……
망한 걸까?

당신은 원하는 것을 손에 넣으려고 끊임없이 씨름하고 있으나, 그것들은 자꾸만 꿈틀꿈틀 빠져나가서 스르르 손에서 벗어나는 느낌이다. 틈날 때마다 다시 덤벼들지만 체중 감량이든 연애든 커리어든 빛이 보이는 듯하다가도 금세 모든 게 무너져내린다. 마치 '당신 자신'이라는 패턴에 갇혀버린 듯하다. 익숙하고 되풀이되는, 빌어먹을, 최악의 적이 다시 등장했다. 당신 자신 말이다.

모든 게 비교적 순조롭게 진행되다가도…… 뻥! 당신이 수류탄을 투척해버린다. 그러는 당신을 당신 자신도 멈출 수가 없다.

배우자랑 잘 지내는 듯하다가도 일고여덟 마디만 주고받고 나면 갑자기 지옥이 펼쳐진다. 누구든 좀 나타나 트럭으로 이 똥 좀 치워줬으면 싶은 것이다. 그러다가 당신은 진정이 되고, 상대도 진정이 된다. 그러고 나면 서로 웅얼거리듯이 사과의 말을 하고 피자를 시킨다. 상황은 해결되고 두 사람은 잊은 것처럼 보이지만 실제로는 잊지 않았다. 다음 사건을 기다린다. 그러다가 그 사건이 일어난다. 그리고 다음 사건, 또 다음 사건.

이제 당신들은 화해의 피자를 주문하는 데 한 달에 십몇만 원을 쓰고 있고, 당신들 엉덩이는 마트에서 사온 에어매트리스보다 더 빨리 부풀어 올라 펑퍼짐해진다. 이제는 그걸 갖고 싸운다.

그래서 당신은 마음을 다잡고 '의지력'과 '자기 수양'이라는 쌍둥이 악마를 다시 불러낸다. 이번에는 조금 더 열심히 노력하고, 조금 더 신경 써서 먹고, 일주일 만에 운동장 두 개에 심을 만큼의 케일을 먹어치운다. 그런 다음 어느새 당신이 먹지 않겠다고 '약속'했던 피자가 다시 마법처럼 손가락 사이에 들려 있다. 페퍼로니와 치즈를 잔뜩 올린 피자 조각이 아무도 모르게 숨어든 도둑처럼 당신 입속으로 들어간다. 이제 문제는 피자가 됐고, 전선은 새롭게 형성된다.

한번 생각해보라. (그 누구도 아닌) 잠재의식 속 당신이 인생의

목표를 자기 방해와 회복의 반복으로 설정한다면?

하지만 당신의 삶이 지금 이렇게 된 것이 당신이 딱 맞는 사람을 못 만난 것, 딱 맞는 커리어나 열정을 찾지 못한 것, 용기나 자신감, 똑똑함, 돌파구를 보유하지 못한 것과는 별로 관련이 없다면 어떨까? 당신이 당신 자신에게 설명하는 그 어떤 이유와도 별 관련이 없다면? 당신의 삶이 실은 끈질기게 같은 결과를 내게끔 꽤나 의도적이고 소름 끼치도록 친숙하게 설정된 장치라면? 그 대화의 덫에 집어넣은 사람이 바로 자신인데도 당신은 그것을 보지 못하고 있고, 그래서 평생을 엉뚱한 곳만 들여다보며 해답 같은 걸 찾고 있다면? 그런데 그 모든 것은 잠재의식 속에서 이루어지는 일이라 그 덫을 빠져나올 수 없다면?

> "상상력과 의지력이 서로 충돌하고 적대적일 때 이기는 쪽은 늘 상상력이다. 예외는 없다."
>
> _에밀 쿠에

19세기 심리학자 쿠에가 '상상력'이라고 말한 것이 실은 잠재의식이다. 그가 '의지력'이라고 말한 것은 의식적이고 인지적인 사고다. 이 둘이 충돌하면 잠재의식이 이긴다. 언제나 이긴다.

잠재의식이 늘 이긴다면, 자기 방해와 회복이라는 똑같은 게임을 계속해서 할 수밖에 없도록 만들어져 있다면, 우리는 그냥 망한 걸까? 물론 이 말이 처음에는 상당히 우울하게 들릴 것이다. 하지만 여기서 우리는 인간이 어떻게 그럼에도 불구하고 이처럼 존재하게 되었는지 알 필요가 있다. 바로 생존력 덕분이다.

살아남고 싶은 욕망 때문에
하지 못하는 일

흔히들 믿는 바와는 정반대로 생존하는 것은 가장 강한 놈도, 가장 적합한 놈도, 가장 똑똑한 놈도 아니다.

그렇다면 살아남는 놈은 누구인가?

예견자다. 변화를 가장 정확하게 예견하는 놈은 변화에 적응할 수 있고 그래서 살아남는다. 좋은 소식은 우리가 예측과 생존의 명수라는 사실이다. 그게 바로 인간이라는 종種이 여태까지 사라지지 않은 유일한 이유다. 우리는 실제로 어떤 일이 벌어지기 전에 그것을 예견한 덕분에 그에 맞춰 적응하고 안전을 확보했다. 그러기 위해서 우리는 뭐가 좋은지, 나쁜지, 옳은지, 그른지, 효과가 있는지 혹은 없는지 끊임없이 점수를 매기고 기억한다. 잠재의식이라는 창고에 이 거대한 기억들을 저장해두고 지침으로 삼는다. 당신은 앞서간 이들의 발자취를 따라 평생을 걸어왔고, 만사가 흘러가는 곳으로 이끌어줄 익숙한 답안지를 찾으려 했으며, 익숙하게 봐온 삶을 따라 살았다.

월요일이 다 똑같게 느껴지는 이유는 월요일 아침이 오기도 전에 이미 하루가 어떻게 펼쳐질지 예측하고 있기 때문이다. 이런 '예측 지상주의'는 도처에서 찾아볼 수 있다.

첫 데이트에 변변치 않은 옷차림으로 약속 장소에 늦게 나타났던 그 사람이 생각나는가?

당신의 예측은? '흠, 예의가 없군. 저런 사람과 평생을 산다고 상상해봐. 절대 안 되지. 잘 가세요.'

그걸로 끝인가? 상대는 15분 늦게 나타났고 운동화를 신고 있었을 뿐인데 당신은 이미 결론이 났다고? 그렇다.

예측 능력은 생존 기회를 높여준다. 이 경우 당신은 결혼이나 장기적인 관계로 발전하기 전에 시간 낭비, 정신력 낭비에 불과한 사람들을 빨리 솎아내고 싶은 마음뿐이다.

당신은 연애를 예측하고, 주머니 사정을 예측하고, 날씨를, 정치를, 건강을, 커리어를, 온갖 것을 예측한다. 그 모든 게 앞으로 어떻게 될지 당신은 이미 생각을 갖고 있다.

이런 것들은 모두 기계적으로, 잠재의식에 따라 뚝딱 만들어진다. 심지어 인생에는 당신이 이미 시간 낭비라고 결론을 내리는 바람에 시도조차 해보지 않는 일들도 많다. '뻔하잖아.'

예측을 통해 살아남고 싶은 욕망 때문에 당신이 하지

못하는 일이 얼마나 많은가? 당신에게는 늘 쓰고 싶은 책이 있었다(예측: 나는 집필에 관해 아는 게 없다. 그러니 분명 실패할 것이다). 차리고 싶은 회사가 있었다(예측: 너무 위험하다. 내가 가진 모든 것을 잃을 것이다). 발리로 이민 가고 싶은 꿈이 있었다(예측: 지금은 때가 아니다. 돈을 더 벌지 않으면 성공하지 못할 것이다). 새로운 커리어를 갖고 싶었다(예측: 언젠가는 그런 책임을 감당할 준비가 될 수도 있겠지만, 지금 나 같은 사람에게는 너무 힘들 것이다). 완벽한 연애를 원했다(예측: 같은 실수를 또 저지를 수는 없으니, '딱 맞는 사람'을 만나기 전에는 안 된다). 머릿속에서 벌어지는 일련의 무의식적 촉발제 때문에 당신이 지워버린 가능성의 목록은 끝이 없다.

'너무 어려워.'

'안 될 거야.'

'못 해.'

'내가 아는 걸로는 부족해.'

'소용없어. 그래봤자 달라지지 않을 거야.'

생존이라는 측면에서만 본다면 지긋지긋하고 쓸모없는 똑같은 해결책만 주야장천 가져다 쓰면서 비교적 안전하고 길게 사는 것만큼 더 좋은 방법이 어디 있을까? 당신만의 오래된 감정, 오래된 불평, 오래된 경험을 가지고 말이다. 그게 바로 당신의 '현실 없는' 현실이다.

내일은 내일의 태양이 뜨는 거지, 안 그래?
아니다. 내일은 징그러울 만큼 오늘과 똑같은 날이다.

그러나 인간은 재미난 동물이어서 종종 안전하고 예측 가능한 삶에 만족하지 못한다. 우리는 흥분을 원한다. 모험을 원하고, 열정을 원한다. 인간은 바로 그런 것들이 교차하는 지점에 존재한다. 삶을 예측해서 안전한 상태를 유지하고 싶으면서도 동시에 더 나은 존재를 약속하는 새롭고 유혹적인 미끼에 갈증을 느낀다. 안전하고, 확실하고, 생존 가능한 삶을 유지해야 한다는 불안에 사로잡혀 있으면서도 변화를 바라고 욕망한다. 하지만 판단을 최소화하고, 실패를 최소화하고, 진짜 변화가 가져올 혼란과 불확실성과 고통을 짓누르고 싶다. 결국에는 안전이 이긴다. 승자는 생존이다.

이걸 우리는 '삶'이라고 부른다. 새로운 것을 바라면서 익숙한 것에 중독된 상태. 익숙한 것이 구정물처럼 우중충하더라도 말이다. 결국은 이미 아는 것을 얻기 위해 당신은 원하는 것을 기꺼이 내놓을 것이다. 지금 이 순간에도 그렇게 살고 있다.

그런데도 우리가 좀처럼 이런 사실을 깨닫지 못하는 이유는 내가 어떤 덫에 걸렸는지 제대로 목격하지 못하기 때문이다. 우리는 그저 덫이 초래하는 결과를 감당하며 살아갈 뿐이다. 지금까지 당신의 인생 전체가 무의식적으로 스스로를 똑같은 공기방울 속에 가려두려는 행동의 연속이었다.

기억하라. 어떤 식으로든 정말로 새로운 삶을 살고 싶다면, 이전과는 완전히 다른 새로운 결과를 보고 싶다면 당신 쪽에서 위험을 감수해야 한다. 그러려면 뻔하디뻔한 잠재의식을 직면해야 한다. 익숙하기 그지없는 정서적 정지 화면을 깨고 나가야 한다. 미지의 것에 손을 내밀어야 한다.

위험을 감수하지 않고 새로운 무언가를 할 수는 없다. 절대.

눈에 보이지 않는 규칙들이
당신의 갈 길을 결정한다

내가 '자기 방해'라고 할 때, 구체적으로는 뭘 말하는 것일까? 『메리엄-웹스터 대학생 사전』을 찾아보면 '방해'를 다음과 같이 정의한다.

> 국가의 전쟁 활동을 방해하기 위해 민간인이나 적군의 첩자가 벌이는 파괴 혹은 방해 공작. 또는
>
> a. 방해하거나 피해를 주기 위한 행동 또는 과정.
>
> b. 고의적인 파괴.

우리의 경우, 방해 공작을 펼치는 주체가 적군의 첩자는 아닌 것으로 보인다. 아닌가? 하긴 어쩌면 당신 자신이 적군의 첩자일지도 모르지.

우리에게 훼방을 놓는 사람은 바로 우리 자신이다. 그 방해가 우리 인생의 좋은 것이란 좋은 것들은 모조리 전복시킬 수 있다.

하지만 이것은 의도적인 전복이다. 전적으로 우리가 의도한 바다.

당신은 아마 자기 방해 사례를 떠올려보려고 당신 인생의 퀴퀴한 복도를 오갔던 사람들을 훑어볼지 모른다.

언제나 남의 쇠락을 가늠해보기가 나의 쇠락을 가늠하기보다 훨씬 더 쉽다.

친척 중에 약물 중독이나 알코올 중독으로 고생한 사람이 있을 수도 있다. 아니면 도박과 노름빚 때문에 저축도 집도 모두 날리고 가족까지 잃은 옛 친구가 있을지도 모른다.

쓰레기 같은 음식을 폭식하다가 몸무게가 대책 없이 늘어나 이제는 정말 목숨까지 위험해진 사람들도 있다. 30대나 40대까지도 엄마, 아빠와 함께 살며 현실 세계에서의 독립이나 성취, 성장을 회피하고 온라인 게임 정복과 인터넷 포르노로 도피하기를 선택한 조카가 있을지도 모른다. 젠장, 이 중에 몇 가지는 당신이 겪고 있는 문제일지도 모른다. 이런 것들은 모두 분명한 자기 방해 사례다.

하지만 좀 '덜' 분명한 사례는 어떨까? 어쩌면 이 글을 읽으면서 당신은 나는 뭐 '그렇게까지' 자기 방해를 하지 않았다고 생각할지 모른다. 물론 당신에게도 나름의 콤플렉스가 있고 나쁜 습관도 있다. 회사에서는 더 좋은 실적을 내고 싶고, 훌륭한 배우자를 찾고 싶고, 왼쪽 발목 구석의 그 튀어나온 부분도 밀어버리고 싶다. 당신에게는 책을 더 많이 읽고, TV는 좀 덜 보고, 더 날씬해지고 싶은 목표가 있다.

하지만 들어보라. 내가 말하는 자기 방해란 저 사례들처럼 노골적인 경우에 국한되지 않는다. 자기 방해는 하루에도 사소한 방식으로 수없이 일어난다. 자기 방해를 저지르지 않는 사람은 없다. 누구나 시도 때도 없이 늘 자기 방해를 저지르고 있다.

아주 간단한 일, 예컨대 아침에 알람이 울리는데도 계속해서 알람을 끄고 일어나지 않는 것도 자기 방해다. 항상 약속 장소에 약간 늦게 나타나는 것 역시 자기 방해다. 많이 늦지는 않아서 큰 문제로 비화하지는 않지만, 되는 대로 신발을 꿰어 차고 신발 끈도 묶지 않은 채 달려 나가서 약속 시간보다 5분이나 10분 늦게 도착하지 않았는가. 이따금 아침을 건너뛰고 초코바로 대신하는 것도 자기 방해다. 늘 고질병처럼 질질 끌다가 마지막 순간에 가서야 어떻게든 일을 끝내는 사람들도 있다. 그래도 끝내긴 끝냈으니 그 일에 관해 심각하게 생각해보지 않는다. 하지만 늘 벼랑 끝에 선 기분, 아닌가?

그렇게 사는 게 당신은 어떤가?

인간관계에서도 아마 그런 경우가 있을 것이다. 아무것도 아닌 일로 싸우고, 오랫동안 앙금을 풀지 않고, 감정을 숨기거나 당신의 감정에 대해 거짓말을 한다. 자기와 남들에게 가혹한 평가를 내리기도 하고, 엄마, 아빠, 친구에게 마땅히 해야 할 만큼 자주 전화를 걸지 않을 수도 있다. 이건 자기 방해가 아닌 게 확실한가?

솔직히 말하면 이런 게 모두 인간관계를 약화하는 행동들이다. 이런 행동은 가장 아끼는 사람들과의 건강한 유대관계를 조금씩, 조금씩 좀먹고 흔들리게 한다. 그러다가 결국에는 그들에게 외면받는 지경에 이르기도 한다.

우리는 아끼는 사람들과 단절된다. 그러면서도 내가 정당하다고 느낀다. 하지만 정말로 정당할까? '내가 옳다'고 느끼고 싶은 인간의 욕망보다 더 치명적인 것은 없다.

이런 행동이 어떻게 자기 방해가 아니란 말인가?

정반대의 경우로, 미래의 상처로부터 스스로를 보호하겠다는 난해한 생각 끝에 충동적으로 바람을 피우거나 이혼하는 사람들이 있다. 혹은 배우자의 외도를 의심하며 강박적으로 질투심을 불태우고, 불만과 단절을 만들어내 인간관계를 하나도 남김없이 없애버리는 사람도 있다. 어쩌면 당신도 이런 일을 저질러보았을지 모른다. 결과가 어땠는가? '자기 실현적 예언(예언을 하고 나서 거기에 맞춰 행동함으로써 실제로 예언이 이루어지는 듯 보이는 현상—옮긴이)'이라는 것은 생각만큼 불가사의하거나 멋진 일이 아니다. '자기 실현적 예언'은 때로 인간관계를 회복할 수 없을 만큼 붕괴시키기도 한다.

치과 예약을 한 번 건너뛰고, 운동 계획을 미루고, 초콜릿 케이크 한 조각을 더 먹는 게 뭐 그리 대수일까? 어……

그게 그렇지가 않다. 만약에 그게 더 큰 계획의 일부라면 어떨까? 그리고 당신은, 적어도 의식적으로는 그 계획을 제대로 알지 못한다면?

자기 방해라는 것은 더 큰 무언가의 산물이고, 당신 삶의 모든 면면에 영향을 미치고 있다.

마음이 만들어놓은 덫을 빠져나오는 사람이 그토록 적은 데는 이유가 있다. 하루하루 살다보면 이 덫이 그냥 괜찮아 보이는 경우가 너무 많기 때문이다.

한 걸음, 아니면 스무 걸음쯤 뒤로 물러서보라. 아, 그렇게까지 멀리 가지는 말고.

작가가 되고 싶다, 내 사업을 하고 싶다, 다시 공부를 하고 싶다고 말하면서 다른 한편으로는 고작 첫 번째 알람에 일어나는 것, 휴대전화를 멀리하는 것조차 대단한 목표처럼 만들며 당신의 잠재력을 펌하하지 않았는가?

스스로에게 한번 물어보라. 당신이 정말로 커리어를 발

전시키고 싶다면, 왜 아침에 일어나지 못하는 것처럼 하찮은 문제조차 제대로 해결하지 못하고 있을까? 위대한 사랑을 원한다면, 왜 사소한 트집만 죽도록 찾아내서 애정이 코앞에서 썩어가게 만들까? 당신이 정말로 더 건강해지고 싶거나 더 날씬해지고 싶다면, 왜 입버릇처럼 말하는 그런 변화를 만들어내지 못하고 아무 자극도 주지 못할 평범한 일상을 보내며 빈둥거리고 있을까?

그토록 평범하게 반응해서는 정말로 비범한 삶을 살 수 없다.

늘 가던 대로 쉬운 길을 가도록 강요받을 때조차 안 된다고, 일어나라고, 대단한 걸 이루자고 스스로에게 강력히 요구해야 한다. 그런 요구는 오직 당신만이 할 수 있다.

스스로에게 진실을 말하기는 언제나 어렵다. 하지만 그게 당신이 만들어놓은 자기 방해라는 잠재의식의 덫에서 빠져나오는 가장 확실한 길이다. 자기 성찰이 쉽지 않은 이유는 우리가 사기꾼이자, 동시에 사기를 당하는 피해자이기 때문이다.

알다시피 우리는 인생의 문제를 둘 중 하나의 탓으로 여긴다. 내 성격에 문제가 있다고 믿거나, 외부 요인을 탓한다. 우리는 더 열심히 노력하거나, 더 운이 좋아지거나, 더 많이 알면 문제가 해결되리라고 생각한다. 내가 업종을 잘못 선택해서, 딱 맞는 사람을 못 만나서, 딱 맞는 식단을 못 찾아서 문제가 생겼다고 생각한다.

그러나 실제로는 내가 의식적으로 원한다고 생각하는 내용이 잠재의식 깊숙한 곳에서 시키는 것과 서로 다르기 때문에 벌어지는 일이다.

나중에 『명상록』이라는 유명한 철학서가 된, 마르쿠스 아우렐리우스가 남긴 메모에는 이런 구절이 나온다.

"영혼은 자신의 '생각'이라는 색깔에 물든다."

우리의 영혼은 어린 시절부터 갖고 있었거나 혹은 주어졌던 온갖 생각과 인상과 꿈으로 알록달록 물들어 있다. 염료가 천에 스며들듯이 이런 생각은 우리의 마음에, 잠재의식에 깊숙이 배어 있다.

그리고 그 색깔은 내가 원하지 않는 것일 때가 너무 많다.

당신의 영혼을 물들인 그 색깔, 마음의 이면과 잠재의식에 박힌 그 눈에 보이지 않는 규칙들이 지금 삶에서 당신의 갈 길을 결정한다. 당신 인생의 향방을 결정하는 것은 당신의 결심도, 환경도, 그리고 절대로 당신의 '운'도 아니다.

운이란 자신의 성공을 정의할 수 없는 사람들의 표현이다. 당신의 성공을 뚜렷이 정의할 수 없다면 절대로 그 성공을 되풀이할 수도 없을 것이다.

Chapter Three

모든 게 질렸다.
나이가 들었기 때문이다

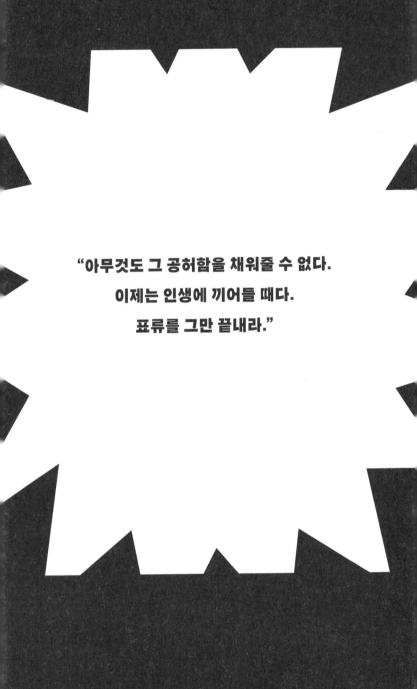

"아무것도 그 공허함을 채워줄 수 없다.
이제는 인생에 끼어들 때다.
표류를 그만 끝내라."

지금쯤이면 당신도 알 것이다. 우리가 어느 날 아침 일어나서 스스로에게 "그래, 오늘은 꼭 친구들과 나 사이의 심각한 문제를 찾아내서 끝장을 보고 말겠어"라든가, "오늘은 어떻게 내 주머니를 탈탈 털어볼까?" 혹은 "우리 부부는 사이가 너무 좋아. 어떻게 해야 망칠 수 있을까?"라고 말하는 게 아니라는 걸.

스스로 저런 말을 하고 있다면, 이 책도 당신을 구제하기 어렵다. 차라리 요가를 한번 해보라.

의식적으로 나의 성공을 망치고 있는 게 아니라면, 그

동안 쌓아온 모든 것을 허물어뜨리려고 적극적으로 계획을 세우는 게 아니라면, 모든 게 순간적 변덕이나 엇나간 계획 때문이라면 우리는 어쩌다 이 지경이 된 걸까? 나는 범인이 잠재의식일 수밖에 없음을 깨달았다. 유혹, 충동, 강박…… 뭐라고 부르든 마음속 지하 창고에서 수면 위로 올라와 활개를 치는 바로 그것 말이다.

당신이 뭔가가 부족해서 그런 것이 아니다. 오히려 그림자 속에 뭔가가 있는 쪽에 가깝다. 한 번도 제대로 이해해본 적 없는 그것이 때때로 되살아나는 것이다. 파티에 불쑥 나타나는, 초대한 적 없는 기묘한 이웃처럼 말이다.

여기서 잠깐 잠재의식에 관해 설명하고 넘어갈 것이 있다. 잠재의식은 신경정신과나 자기계발서에서 말하는 잔소리 같은 게 아니다. 잠재의식은 실재한다. 잠재의식은 꼭두각시처럼 당신을 조종하고 있다.

스탠퍼드대학교 정신과학 및 행동과학과 외래교수 겸 신경과학자이자 작가이기도 한 데이비드 이글먼은 이렇게 말했다. "의식 영역, 그러니까 아침에 잠을 깨면 깜박거리면서 불이 들어오는 부분은 전체의 아주 작은 일부에 불과하다." 기본적으로 우리를 움직이는 것은 평소 의식조차 못 하는 차원에서 이뤄진다.

잠재의식의 특징은 처음에는 완전히 유동적이었다가 시간이 지나면 고정되고 경직된다는 점이다. 즉 예측 가능해진다. 어떻게 그렇게 될까?

그저 하루하루 살아왔을 뿐인데
내 인생은 왜

늘 지금과 같았던 것은 아니다. 지금처럼 무감각해질 만큼 늘 인생이 엉망진창이 되어도 괜찮았던 것은 아니다. 당신은 자신을 죽은 사람처럼 만들어놓았다. 당신은 마치 '원래 그랬다'는 듯 그냥 어깨를 으쓱하고는 비틀대며 앞으로 나아간다.

이 지경이 되기 전에 (짧기는 했어도) 당신에게도 무지갯

빛으로 반짝거리던 날들이 있었다.

초등학교 1학년에게 커서 뭐가 되고 싶은지 물어보라. 두 눈을 반짝이는 수많은 미래의 우주비행사, 슈퍼스타 중에 나중에 불행하고 싶다고, 파산하고 싶다고, 이혼하고 싶어 죽겠다고 답하는 아이는 한 명도 없다. 자존감이 바닥을 기고 인생의 좋은 것들은 모조리 망쳐버릴 거라고 말하는 아이는 없다. 그런데도 지금 우리는 이 지경이 됐다.

대체 어디서부터 잘못된 걸까? 어쩌다 인생을 훼방 놓는 이런 덫에 빠졌을까? 대부분의 사람들과 마찬가지로 당신도 하루아침에 이렇게 되지는 않았을 것이다. 겉으로 보기에는 아무런 연관이 없어 보이는 인생의 여러 사건이 당신의 관점을 크게 바꿔놓았을 것이다. 이런 삶을 경험하게 된 것, 즉 당신이라는 사람이 되어 이런 식으로 살게 된 것은 모두 당신이 한 일이다. 분명하다.

문제는 당신은 그런 일을 한 기억이 전혀 없다는 사실이다. 그냥 하루하루 살아가며 앞으로 나아가고, 문제를 해결하고, 도전했을 뿐인데. 그렇게 사는 과정에서 당신이 형성되고 지금의 모습을 갖추게 된 것이다.

당신은 인생의 바로 이 지점에 자신을 데려다 놓았고, 나는 당신의 잠재의식이 어떻게 그렇게 했는지를 보여줄 것이다. 당신이 어떻게 자신을 망쳤는지, 어떻게 해야 거기서 헤어 나올 수 있는지 보여줄 것이다.

크고 작은 구멍들 속에
갇혀버린 많은 것

다시 앞으로 가보자. 한참 앞으로 가보자.

지구에 도착했을 때 당신은 인격은 고사하고 아직 잠재의식이라는 것조차 발달시키지 못한 상태였다. 반복적이고 근본적인 내면의 대화가 당신을 이리저리 밀치고 다니지도 않았다. 스스로에 대해 자기 파괴적인 의견을 갖고있지도 않았고, 남들을 의심의 눈초리로 쳐다보지도 않았으며, 그동안의 삶이나 앞으로의 삶에 대해 체념하지도 않았다. '자기 방해'는 없었다.

아이들이 언어라든가 새로운 경험을 마치 스펀지처럼 빨아들인다는 얘기를 들어봤을 것이다. 여러모로 옳은 말이다. 스펀지는 닿은 것을 흡수해버린다. 전체가 액체로 꽉 찰 때까지 말이다. 그런 다음 마르도록 가만히 두면 어떻게 될까? 딱딱해진다. 혹시라도 속에 남은 것이 있다면 뭐가 됐든 그대로 갇혀버린다.

이제 당신이 그 깨끗한 스펀지로 태어났다고 생각해보라. 당신은 이걸 흡수하고 저걸 내뱉으며 어린 시절을 보냈다. 삶이 진행되는 동안 한 번도 눈치채지 못했지만 '물기'는 말라간다. 삶은 더 예측 가능해지고, 새롭고 흥미진진한 일들은 줄어든다. 그러다 어느 날 그 말랑한 스펀지는 딱딱해진다. 크고 작은 구멍들 속에 갇혀버린 많은 것들은 이제 아무리 쥐어짜도 밖으로 뱉어질 수 없다. 그것들은 얼룩이 되어 그 안에 영원히 갇힌다. 이게 바로 우리의 잠재의식이 작용하는 원리다. 처음에 잠재의식은 깨끗하다. 아무것도 묻어 있지 않고 아직 규정되지 않았다. 하지만 어느새 자리가 잡혔고 바뀔 수 없다. 중심부에는 아주 구체적인 목적이 확고하게 자리를 잡았다. 당신 눈에는 아직 안 보이겠지만.

아기들의 행동을 한번 생각해보라. 아기나 유아는 자신의 조그만 세상 속에서 지금 당장의 관심사 외에는 아무것도 신경 쓰지 않는다. 우리 집 아이들의 어린 시절을 생각해봐도 정말이지 아무것도 신경 쓰지 않는 모양새가 신기할 정도였다. 아이들 때문에 허둥댄 것은 오히려 나였다. 아이들은 전전긍긍하지도, 우울해하지도 않았다. 할 일을 뒤로 미루거나 뭐든 지나치게 분석하지도 않았고 그 무엇에도 구애받는 것 같지 않았다. 아이들은 자신에게 던져진 삶을 사느라 바빴다. 당신도 그랬을 것이다.

우리 큰아이가 두 살 때 수영장에 뛰어들던 때를 잊지 못한다. 아들은 밖으로 기어 나와서 다시 뛰어들고, 또 기어 나와서 다시 뛰어들기를 멈추지 않았다. 아들의 얼굴은 기쁨과 흥분, 모험심으로 환하게 빛이 났다. 아무리 뛰어들어도 성에 차지 않고, 아무리 반복해도 질리지 않는 모양이었다.

그러다 질렸다. 나이가 들었기 때문이다.

당신에게 다시 두 살로 돌아가라고 말하는 것이 아니다. 티셔츠에 침을 흘리고, 코를 파고, 하기 싫은 일을 시키면 발을 구르라는 말이 아니다. 이들 중에 아직도 하고 있는 행동도 있겠지만, 그건 완전히 다른 문제다.

내 말은, 어린 시절에는 모든 게 얼마나 새롭고 흥미진진하고 티 없이 맑았는가? 당신은 세상 모든 것에 호기심을 느꼈다. 아주 작은 것부터 거창한 것까지 모든 것을 사랑했다. 당신이란 스펀지는 그 모든 것을 빨아들였고, 모든 틈을 메웠다. 곧 물기가 말라버릴 것이라는 사실을 꿈에도 모른 채. 그러다 모든 것은 정해지고, 말라버리고, 이내 자기 방해의 인생이 펼쳐졌다. 마치 당신을 끊임없이 힘들게 만들겠다고 결심이라도 한 듯 말이다.

행복해지기를 바라며
평생을 보낸다면

　우리는 특정한 유전적 가능성을 물려받고 각각의 고유한 환경에 내던져지기 때문에 속이 완전히 빈 스펀지로 태어난 것은 아니다. 하지만 당신이 어떤 사람이 될 수 있었느냐와 관련해서는 분명히 현실화되지 못한 수만 갈래의 길이 있었다. 누구라도 분명 활짝 열린 가능성을 가지고 태어났다. 광범위한 잠재력을 가진 존재였다.

　　"사람은 많은 사람으로 태어나 한 사람으로 죽는다."

_마르틴 하이데거

　당신은 방대한 스펙트럼의 잠재력을 가지고 태어나, 서서히 하나의 항목으로 굳어졌다. 나이를 먹으면 관점은 더 제한되어 점점 편협하고, 제약이 많고, 어느 한 극단으로 치우친 사람이 된다.

　인생의 그 많은 우여곡절을 지나서, 될 수 있었던 그 많은 가능성 중에 어쩌다 보니 당신은 지금의 당신이 되었다.

또한 성인이 되어서는 상당한 시간을 바로 '그 당신'을 개선하는 데 투자했을 것이다. 더 날씬하고, 똑똑하고, 자신감 넘치고, 덜 걱정하고, 더 성공하고, 덜 불안하고, 더 호감 가고, 더 힘 있고, 덜 머뭇대고, 더 매력적인 당신을 만들려고 애쓰면서.

하지만 어릴 때 당신의 관심사는 온통 당신 '주위에서' 일어나는 일들이었다. '당신 자신'이 아니었다. 당신이 내던져진 이 세상에 대한 참을 수 없는 호기심에 사로잡혔다. 현재를 살았고 매 순간 '그때 그곳'에 있었다.

그러나 상황은 변했다. 지금 당신은 어떤가?

요즘 당신의 관심사는 온통 당신 자신이다. 내가 잘하고 있는지, 못하고 있는지, 남들이 내게 무슨 영향을 주고 있는지, 어떤 영향을 이미 줬는지가 관심사다. 당신을 고치고, 개선하고, 바꾸는 게 주된 일이다. 늘 상상해왔던 완벽한 해피엔딩으로 끝날 미래의 그날에 도달하려고 애쓰며 살아간다.

당신의 '그날'은 마추픽추의 잉카 트레일 언덕배기에서 아야와스카숲 푸른 연무 속에서 마침내 당신 자신을 찾는 날일 수도 있고, 용케도 〈샤크 탱크〉(유망한 창업 아이디어에 투자금을 지급하는 미국 ABC의 서바이벌 프로그램—옮긴이)에 출연하는 날일 수도 있다. 그토록 바라던 임원으로 승진한 날일 수도 있고, 실리콘밸리의 차세대 억만장자나 전 국민이 다 아는 배우 혹은 스포츠 스타가 된 날일 수도 있다. 아니면 당신의 스타나 절친한 친구와 조금 더 비슷해진 날일 수도 있고. 크든, 작든, 가능하든, 불가능에 가깝든, 뭐든 간에 당신의 '그것'을 이룬 날이다.

그리고 당신이 꼼짝 못 하는 이유가 바로 그 때문이다. 당신은 풀려나기 위한 싸움에 발목이 잡혀 있다. 몸부림치고 허우적댈수록 당신은 지금 있는 그 자리에서 더욱 꼼짝을 못 할 뿐이다.

행복해지기를 바라며 평생을 보낸다면, 바로 그 때문에 당신은 끊임없이 불행한 처지에서 시작할 수밖에 없다.

당신도 인생의 매 순간을 소중한 무언가를 좇으며 살아

간다. 그게 5분 후가 되었든, 5년 후가 되었든 그 무언가는 당연히 미래 어느 시점에 존재한다. 그러나 당신이 좇는 평화나 기쁨, 만족은 그곳에 존재하지 않는다.

그것은 환상이다. 그렇다. 미끼다. 최면에 걸린 듯 그 한 조각의 희망이나 안정, 성공, 성취를 따라가지만 도착해보면 당신이 좇던 건 그게 아니라는 걸 깨닫게 된다.

지금까지 살아온 대로 살 수 없다는
확고한 결심

"사람들이 어린 시절에 깊은 향수를 품는 것은 충분히 이해할 만하다. 많은 사람들이 나이가 들수록 어린 시절 느꼈던 그 완벽한 평온과 순간적 몰입을 다시 경험하기가 점점 더 힘들다고 느낀다."

_미하이 칙센트미하이

미하이 칙센트미하이는 지금은 유명한 용어가 된 '몰입

flow'이라는 화두를 끌어낸 사람이다. 그는 사회적 차원에서나 개인적 차원에서나 인간으로서 우리가 더 복잡해질수록 정신적 엔트로피를 더 많이 경험한다고 얘기한다. 삶이 한층 복잡해질수록 우리는 더욱 비참해질 가능성이 크다는 얘기를 근사하게 표현한 셈이다. 아무것도, 다시 말하지만 '아무것도' 그 공허함을 채워줄 수 없다.

당신이 지금 거기 앉아서 이 책을 읽고 있다는 것은 기회다. 시도해볼 수 있는 기회다. 대부분의 다른 사람들과 마찬가지로 당신도 삶이 그냥 표류하게 내버려두었다. 인생이 하나의 드라마에서 다른 드라마로 두서없이 흘러가는 동안 당신은 제대로 개입해본 적도 없었다. 비하하려는 게 아니라 이제는 인정해야 할 사항을 말해주는 것이다. 그동안 무슨 짓을 했건, 하지 않았건 그것은 현실에서 변화를 끌어낼 만큼의 실질적인 힘이 없었다.

정말로 이 짓을 끝내고 싶다면 확고한 결심이 필요하다. 정말 마지막으로, 지금까지 살아온 삶을 더는 계속할 수 없다는 생각을 스스로에게 단단히 심어주어야 한다. 이제는 끼어들 때다. 표류를 그만 끝내라.

이제 우리는 그림을 그릴 것이다. 일부는 당신도 알아볼 수 있고, 일부는 언뜻 혼란스럽거나 조금 초현실적으로 보일 수도 있다. 하지만 이 그림은 당신이라는 스펀지가 딱딱해졌다는 사실을 의심의 여지 없이 보여줄 것이다. 한때는 간절히 목말랐던, 그 빈 구멍들 속에 갇혀버린 게 무엇인지 알아야 한다. 그리고 당신 자신이 만든 인생 게임에 어떤 식으로 눈속임을 당했는지 알아야 한다.

Chapter Four

원치 않게 내던져진
이 집구석을 이해해보려고
우리는 안간힘을 쓴다

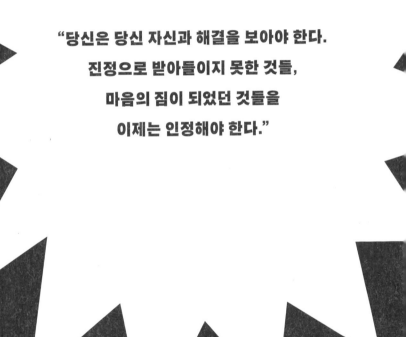

"당신은 당신 자신과 해결을 보아야 한다.
진정으로 받아들이지 못한 것들,
마음의 짐이 되었던 것들을
이제는 인정해야 한다."

그러니까, 당신은 열의가 넘치고 의지가 충만한 스펀지로 태어났다. 선입견 따위는 없었고 인생이 던지는 흥미진진한 모험들을 얼마든지 흡수할 준비가 되어 있었다. 그런 갈증과 열정을 가졌던 우리가 대체 어쩌다가 이렇게 스스로에게 끊임없이 훼방을 놓는 지경이 됐을까?

　살면서 당신이 인지하지 못했거나 강요를 당했거나 억지로 해야 하는 일들이 있었다는 것은 나도 안다. 선택의 여지가 별로 없다고 느낀 경우도 많았을 것이다. 그래, 좋다. 당신은 아직도 그 여파로 질 높은 삶과 성공이라는 덫에서 벗어나지 못하고 있다. 그게 전부다.

그 일은 당신 탓이 아니었을 수도 있다. 하지만 지금 이 순간부터는 당신 탓이다.

지금 내가 하는 얘기를 마르틴 하이데거는 '내던져짐 thrown-ness'이라는 단어로 표현했다. 인생에는 당신이 선택하지 않았고, 고르지 않은 것들이 있다. 당신은 거기에 내던져졌을 뿐이다. 기본적으로 이것들은 당신보다 먼저 존재했고, 당신은 그것들을 받아들이고 거기에 빠르게 적응하는 수밖에 없다.

만약 당신이 햇빛 찬란한
캘리포니아에서 자랐다면

나는 스코틀랜드인으로 태어났다. 이는 내가 선택한 사항이 아니다. 당신은 미국인이나 캐나다인, 프랑스인, 중국인 혹은 예멘인으로 태어났을 수도 있다. 언제 어디서 태어날지 선택할 수 있는 사람은 아무도 없다. 부모나 인종, 성별 역시 마찬가지다. 당신에게 아무 발언권도 없었으나 당신의 인생을 형성한 것들이 너무나 많다.

그 모든 것이 바로 당신만의 '내던져짐'이다.

유전자(키가 얼마일지, 머리카락 색깔은 어떨지, 눈 사이가 얼마나 멀지)도 당신의 내던져짐 중에 하나다. 어느 시대에 태어났는지, 1940년대에 어린 시절을 보냈는지 아니면 1990년대에 어린 시절을 보냈는지(혹은 설마, 2000년대에 보냈는지!), 당신이 태어났을 때 가족의 경제 사회적 지위는 어땠는지, 문화와 관습과 언어는 어땠는지 등이 모두다 '내던져짐'이다. 인간으로 태어났다는 사실조차 당신에게는 발언권이 없었던 사항이다. 하늘에는 태양과 달과 별이 있고, 땅에는 나무와 사회와 법률과 자동차, 과학, 학교가 있다는 것, 삶은 계절을 따라 순환한다는 것도 모두 당신에게 내던져진 상황이다. 그것들은 당신이 태어나자마자 당신의 콧속으로 파고들었고, 이후로 죽 당신은 이 미친 상황을 이해해보려고 안간힘을 썼다.

이 모든 것들을 결정하는 데 당신은 발언권이 전혀 없었다. 그게 과연 공정한 것이냐에 대한 당신의 생각도 전혀 중요하지 않다. 당신이 좋아하든, 혐오하든, 원망하든, 감사해하든 중요하지 않다. 당신은 여기 있고, 당신 이전에 살았던 사람들 및 당신 이후에 올 모든 사람과 마찬가지로, 그것을 감당해내야 한다. 바로 거기서부터 마음의 평화로 가는 길이 시작된다. 인정하는 것이다. 인정은 동의나 포기를 뜻하지 않는다. 인정은 무언가를 있는 그대로 받아들인다는 뜻이다. 그뿐이다. 당신은 당신이 내던져진 상황을 있는 그대로 받아들일 수 있고, 그 영향으로부터 자유롭게 인생을 살 수 있다.

인정은 진정한 변화로 가는 관문이며, 진지하게 한번 생각해봐야 할 사항이다. 당신은 당신 자신과 해결을 보아야 한다. 진정으로 받아들이지 못한 것들, 무언가를 있는 그대로 받아들이지 못했기 때문에 짐이 되었던 것들을 이제는 인정해야 한다.

"자유란 주어진 상황 안에서 우리가 만들어내는 것이다."
_장 폴 사르트르

내던져짐을 조금 더 상세히 나눠서 보자. 몸집이 큰 사람이라면 (혹은 키가 작거나 뚱뚱한 사람이라면) 자신이 학교에서 특정한 활동, 예컨대 농구나 팔씨름 같은 것에 참여하려는 경향이 있다는 사실을 깨달았을지 모른다(그래, 팔씨름은 아닐 수도 있겠다). 그리고 아마도 그렇게 하라는 격려를 주위에서 받았을 것이다. 두뇌 회전이 남달라서 많은 양의 데이터를 잘 기억해낸다면, 아마도 당신은 좀 더 학구적인 일들에 참여하도록 내던져졌을 것이다.

당신은 스포츠 중심 문화에서 제일 마지막에야 뽑히는 아이였거나, 공부 중심 문화에서 수학에 심하게 고전하는 아이였을지도 모른다. 햇빛이 찬란한 캘리포니아(운이 좋아야 내던져지는 곳이다)에서 자랐다면 서핑이나 스케이트보드를 타며 어린 시절을 보내고 그곳 특유의 편견과 규범들을 익혔을지 모른다. 반면에 구름 낀 흐린 하늘이 1년 내내 이어지는 글래스고에서 자랐다면 집 안에서 TV를 보거나 쏟아지는 빗속에서 축구를 하며 인생과 사람, 가능성에 대해 전혀 다른 규범을 익혔을지 모른다.

자신이 물려받은 가능성의 범위를
벗어나지 않는 삶

내던져지는 것이 또 있다. 바로 '대화'다. 내던져진 대화에서 사람들은 인생의 모든 주제를 다룬다. 그리고 당신도 모르는 사이에 삶의 전반을 결정하는 중요한 요소가 된다.

인간관계, 사랑, 우정, 성공, 좋은 것, 나쁜 것, 정치, 섹스, 인종, 신념. 그중에는 건전한 것도 있고, 불건전한 것도 있다. 적절한 것도 있고, 극도로 부적절한 것도 있다. 당신 가족이 이런 주제를 대놓고 자세히 이야기했든, 혹은 애매모호하게조차 대화해보지 않았든 그 모든 것이 정도는 달라도 모두 현재의 당신을 만드는 데 일정 몫을 했다. 이런 종류의 경험은 당신에게 어마어마한 영향을 미쳤다. 그 영향력은 계속되고 있고, 지금도 삶의 모든 영역에서 매일 매 순간 영향을 주고 있다.

이렇듯 여기서 대화란 사회의 일반적 대화뿐만 아니라 어린 시절 가족과의 대화, 상상할 수 있는 삶의 모든 측면에 관해 세대에서 세대로 이어져 내려오는 대화까지 모두 포함한 말이다. 어디까지 거슬러 올라가야 할지 모를 만큼 과거에서부터 시작되어 구불구불 이어져 있는 수많은 의견들이 숲을 이룬 대화, 당신이 태어나기 전 혹은 태어난 직후 사람들은 무슨 얘기를 하고 있었을까? 당신이 자라는 동안 당신을 둘러싸고 벌어졌던 중요한 대화들은 무엇일까?

예를 들어 당신의 부모가 돈이 많지 않았다면(그렇다면 그들의 부모도 돈이 많지 않았을 가능성이 크다), 당신은 돈을 희귀한 것으로 생각하는 그들의 관점과 경험 속에서 자랐을 것이다.

한편으로 그것은 당신에게 1달러의 가치를 가르쳐주고, 가진 것에 감사하는 마음을 알려줬겠지만 아마도 당신은 부모가 속해 있던 똑같은 틀 속에서 금전적으로 고전했을 가능성이 크다. 그들의 고생이 당신 대화의 일부가 된 셈이다.

부모보다 나은 상황일지라도 여전히 금전과 관련해 무언의 규칙들과 한계를 품고 있을지 모른다. 당신에게는 아무런 권한도 없이 이미 당신 안에 만들어진 한계들 말이다.

당신이 돈으로 할 수 있는 일과 없는 일을 구분 짓게 된게, 그런 장벽이 생긴 게 당신이 동의했기 때문이라면 어떨까? 금전적 면뿐만 아니라 모든 면에서, 어른이 된 후 당신의 삶은 바로 그 장벽을 넘기 위한 노력이었다면? 그런 노력들 중 어느 것도 당신이 실제로 그 장벽을 넘을 수 있게 설계된 것은 아니라면?

자기 방해는 종종 경제적인 돌파구에 가까워졌을 때도 나타난다. 꿈이 실현될 지점에 다가갔을 때 말이다. 당신은 순간에 마치 불운이나 우연의 일치처럼 '보이는' 어떤 것에 걸려 넘어진다. 그러면서 발전을 가로막고 지금까지 갈망해왔던 모든 것을 망쳐놓을 선택을 내린다. 그리고 다시 당신이 물려받은 가능성의 범위를 벗어나지 않는 생활로 돌아간다. '확실한 것들'의 영역으로 말이다.

내 의뢰인들 중에도 여러 번 큰돈을 벌었던 사람들이 있다. 그들은 그 지점에 도달하려고 애쓰다가 목표를 이루고는 다시 추락하기를 평생토록 반복했다. 커리어든 다이

어트든 당신 인생에도 당신만의 그런 영역이 있을 것이다.

인간은 늘 바라던 무언가를 이룬 '이후의' 삶을 살아야 할 공포에 직면하기보다는, 그냥 목표까지 한번 가보는 데 훨씬 몰두한다.

언뜻 이해가 안 갈 수도 있지만, 집단으로서의 인간은 목표를 이룬 뒤에 받을 포상보다는 투쟁 그 자체에 훨씬 끌린다. 일부 사람들이 위대한 일을 성취한 이후에, 오랫동안 간직한 꿈과 판타지를 실현한 이후에, 이런저런 식으로 자기 파괴의 길을 걸으며 자신에게 다시 개인적 고난을 선사하는 이유도 어쩌면 그렇게 설명될지 모른다. 역사에는 그런 이야기들이 차고 넘친다.

아직도 당신 부모가
더 훌륭했어야 한다고 생각하는가

사람들은 내 삶이 왜 이런 식으로 펼쳐졌는지 이해하려고 할 때 가장 쉽고 간단한 길을 택한다. 나는 그 길을 지금 당장, 영원히 없애버리려고 한다. 바로 부모를 탓하는 것이다. 부모야말로 가장 만만한 타깃이기 때문이다. 하지만 그것은 또한 가장 참담하고, 가슴 찢어지고, 해로운 길이기도 하다. 부모뿐만 아니라 당신에게도 말이다.

당신 부모를 부모로 둔 것은 '내던져짐' 중 하나다. 거기에 당신의 발언권은 없었다. 그러나 당신의 인생이 지금처럼 펼쳐진 것에 대해, 또는 원하는 것을 얻지 못하는 상황에 대해 그들을 원망해봤자 진정한 마음의 평화는 얻을 수 없다. 부모에 대한 원망을 결의를 다지는 동력으로 잠시 사용할 수 있을지는 모른다. 하지만 그렇게 한다면 당신에게는 늘 신경 쓰이고 쓰라린 구석 하나가 남을 것이다. 언제든 도망갈 변명의 뒷문은 계속 남을 테고 그게 있는 한, 당신은 언제든지 이용할 것이다. 분명 원망은 남고 만족은 얻지 못할 것이다.

부모를 한 번도 만나보지 못했거나 알지 못하는 사람들, 부모가 이미 돌아가신 사람들 중에 다수가 어른이 되어서도 계속해서 그런 변명 놀이를 한다. 뻔하고 평범하다. 그들은 당신에게 생명을 주었고, 당신에게 온갖 실수를 저질렀고, 당신을 이러저러한 식으로 다루었으며, 당신에게 그런 식으로 말했고, 결국 당신을 망쳐놓았다.

흠…… 당신은 결국 그 공식 안에 갇히게 될 것이다. 내가 이 주제를 꺼내자마자 싸울 태세를 취하는 사람들도 있을 것이다. 잠시 참아라. 그리고 계속 읽어나가라. 당신이야말로 이 얘기를 꼭 들어야 할 사람이다.

지금 내가 누구의 편을 들고 있다고 생각한다면 당신이 맞다. 나는 지금 편을 들고 있다.

나는 '당신' 편을 들고 있다. 물론 그렇다고 해서 지금 우리의 생각이 같다는 얘기는 아니다. 알아둬야 하는 건 지금 자기 방해를 저지르고 있는 사람은 내가 아니라 당신이라는 점이다(적어도 지금 이 순간에는). 이제는 바뀌어야 한다. 당신은 바뀌어야 한다. 듣고 있는가? 그런 결심을 하고 이 책을 읽기 바란다. 변화하겠다는 확고한 결심 말이다.

누군가를 희생시키기 전에 인생의 모든 사람이 당신과 마찬가지로 불구덩이에 던져졌다는 사실을 기억하라. 그들 역시 그들이 물려받은 자신만의 덫에 빠져 살고 있다. 그래, 그래, 안다. 당신이 자랄 때 당신 부모는 모든 해답을 갖고 있어야 했다. 세상의 모든 지혜를 가진, 친구의 부모나 TV에 나오는 부모들처럼 완벽한 인간이어야 했다. 그렇지 않은가?

아직도 당신 부모가 더 훌륭했어야 한다고 생각하는가? 그래, 어쩌면 그럴지도 모른다. 하지만 그렇다면 당신도 그래야 하지 않는가? 당신은 어떻게 됐는가?

우리는 모두 안간힘을 쓰고 있는 인간에 불과하다. 종종 실패도 하고 때로는 처참한 결과를 맞는다.

살면서 당신이 할 수 있는 가장 중요한 일을 하나만 꼽자면, 그것은 인생이 그렇게 된 데에 '그 누구도(자신을 포함해서)' 원망하지 않는 것이다. 자주 못마땅하거나 화가 난다면, 늘 주장하던 논리나 익숙한 마음의 동요로 돌아간다면 여기서 짚고 넘어가자. 당신은 살던 대로 계속 살겠다고 우기고 있는 것이다. 당신 자신을 방해하는 게 옳다고 주장하고 있다.

당신은 자신한테 무슨 짓을 하고 있는가? 당신은 당신의 삶을 무엇으로 채우고 있는가? 억압된 분노? 조용한 원망? 당신은 이미 망가졌다는, 내면이 죽었다는 생각에 매달리는 것? 정말로? 그게 그럴 만한 가치가 있는가?

이제는 부모에 대한 원망을 그만 접을 때다. 그 누구에 대한 원망도 마찬가지다. 지금 당신이 처한 상황도 그만 원망하라. 설사 최악의 상황에 내던져졌다고 해도 삶의 방향을 바꾸는 것은 이제 당신의 선택이다. 배우고 성장하고 출신을 극복하는 것은 당신의 선택이다. 지금 이 순간부터는 당신이 선택해야 한다.

누구를 원망해야 할지 찾아내봤자
아무것도 해결되지 않는다

당신을 측은하게 여길 사람도 많을 거라는 걸 안다. 그들은 지금 내가 당신을 괴롭히기라도 하는 양 쳐다볼 수도 있을 것이다. 아니면 내가 아무것도 모르면서, 남들이 무슨 일을 겪는지 모르면서 떠들고 있다고 생각할 것이다. 동정심도 없는 사람이라고 말이다. 하지만 정반대다.

핵심은 이것이다. 당신의 진짜 삶은 순간순간이 모여 이뤄진다. 좋든 싫든 당신은 언제나 현재를 살고 있을 것이다.

사람들이 '현재를 살라'고 말하는 것을 보면 우습다는 생각이 든다. 무슨 다른 방법이라도 있나? 당신은 늘 현재를 살고 있다. 다만 받아들이지 못할 때가 있을 뿐.

문제는 지금 이 순간 당신이 뭘 하느냐다. 빌어먹을 지금 이 순간 말이다. 당신은 현재를 어디에 사용하고 있는가? 삶의 귀중한 순간들을 당신이 내던져진 삶을 원망하며 흘려보내고 있는가? 당신이 바꿀 수 없는 유전적 요소, 당신을 장벽 너머에 가둬놓은 거미줄 같은 한계들을 원망하고 있는가? 아니면 마침내 당신 자신과 당신 인생의 모든 사람들을 원망으로부터 놓아줄 마음이 생겼는가?

궁극적으로, 누구를 원망해야 할지 찾아내봤자 아무것

도 해결되지 않는다. 당신이 얻는 것은 단지 설명일 뿐 서 있는 곳에서 한 걸음도 더 나아가지 못한다.

지금 당신은 선택을 내릴 수 있다. 양자택일의 문제다.

선택하라. 당신은 뭘 위해 싸울 것인가? 과거를 위해 싸울 것인가, 미래를 위해 싸울 것인가? 줄곧 그렇게 당신 앞길에 훼방만 놓고 있을 것인가, 아니면 늘 기다려왔던 자유를 향해 나아갈 것인가?

벌어진 일은 벌어진 일이다. 당신은 이미 지금과 같은 사람이 되어버렸다. 게임은 지금부터다. 우리는 함께 미래로 향할 것이다.

변화의 유일한 동력은 당신 자신임을 슬슬 깨달을 때도 되었다. 해결책은 당신이다. 늘 그랬다. 변죽은 이제 그만 울리자.

Chapter Five

그렇다고 매번
스스로를 피해자로 만드는 건
아니겠지

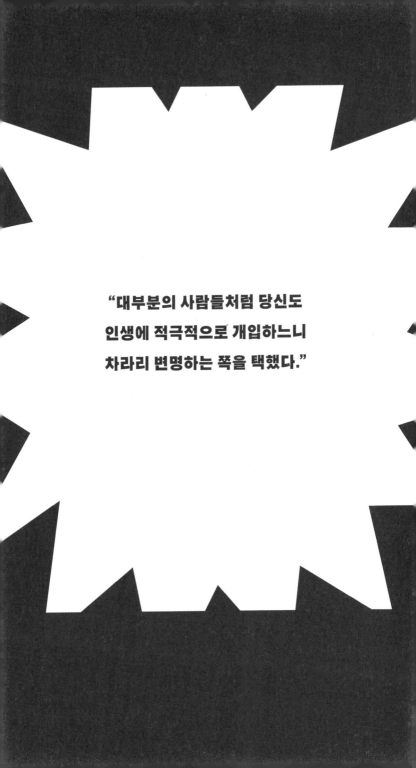

"대부분의 사람들처럼 당신도
인생에 적극적으로 개입하느니
차라리 변명하는 쪽을 택했다."

과거는 미래가 기반을 두는 바탕이다. 그러니 우리가 그토록 제한적이고 좌절된 삶을 산다 해도 놀랄 게 없다.

지금까지 어떤 삶을 살아왔는지 물어보면 대부분의 사람은 몇 가지 이정표를 골라 설명할 것이다. 3분이면 이야기가 끝나는 사람도 있을 테고, 라면 한 그릇처럼 이리저리 꼬인 자신의 굴곡진 삶을 설명하는 데 3주가 걸리는 사람도 있을 것이다.

당신이라면 지금까지의 삶을 어떻게 설명하겠는가? 어떤 이정표들을 언급할 것인가? 당신의 입에서 어떤 얘기가 나오든, 당신에게는 그게 '진실'이다.

남들과 마찬가지로 당신도 기본적으로 들려줄 이야기를 가지고 있다. 당신 자신과 당신의 인생, 지금 그 일을 왜 하고 있는지 설명을 준비한다. 종종 수많은 리허설을 거친 닳고 닳은 문장들로 자신을 설명하고 정당화한다. 가끔은 스스로를 이해해보려고도 한다.

길 가던 사람이 다가와 당신에 관해 좀 얘기해달라고 하면 당신은 '소개' 버튼을 꾹 누르며 술술 설명을 쏟아낼 것이다.

시작은 당신의 직업이 될 것이다. 어디서 일하는지, 어디 사는지, 그리고 몇 마디만 쿡쿡 자극하면 당신은 이내 이렇게 말할 것이다.

"원래는 버펄로 출신인데……" 혹은 "삼 형제 중에 막내예요. 그래서……"라고 말이다.

아니면 "제가 80년대생이다 보니……"라든가, "아버지가 해병대 출신이셔서……"라고 말할 수도 있다.

당신이 들려주는 그런 얘기는 대부분 순전히 구태의연한 '내던져짐'에 관한 얘기들이다. 당신에게 발언권이 없었던 사항들 말이다. 아버지가 해병대를 선택한 것에 대해 당신이 할 수 있는 일은 아무것도 없지 않았나? 하지만 이야기가 거기서 끝이 아니라는 건, 당신도 알고 나도 안다. 바로 뒤따라 나오는 얘기가 진짜 핵심이기 때문이다.

예를 들면 이런 식으로 말이다. "아버지가 해병대 출신이셔서 어릴 때 저한테 너무 엄하게 대하셨어요. 정말로 저를 걱정했던 것 같지는 않아요. 제가 어떻게 지내는지보다는 본인 커리어에 더 관심이 많아 보였거든요. 아버지 눈에는 제가 하는 일이 무엇 하나 성에 차지 않았던 것 같아요. 저는 10대를 주로 혼자 보냈는데, 아직도 거기서 제대로 헤어 나오지 못한 것 같네요."

이런 사람이 삶을 어떻게 꾸려갈지는 눈에 선하다. 그들은 특정한 것을 억압하거나 회피하기 위해 자기 자신이나 환경을 바꿀 것이다. 그런 식으로 삶을 구축할 것이다.

우리는 오직 자기 관점으로
진실을 바라본다

자, 그러면 작은 연습을 하나 해보자.

당신이 뜨거운 커피 한 잔을 들고 있다고 상상해보라. 어디서 나타났는지 갑자기 누가 당신의 팔꿈치를 쳐서 뜨거운 커피가 사방으로 쏟아진다! 팔다리에도 커피가 튀고, 온 바닥에도 흩어진다. 뜨거운 커피가 닿은 곳은 심하게 쓰라리고, 바지를 다 버렸는데 당신은 20분 후에 취업 면접이 있다. 당장 옷을 갈아입어야 한다.

하지만 당장 옷을 갈아입을 수가 없다. 당신은 집에서 한참 떨어진 스타벅스에 있고, 면접장은 걸어서 15분 거리다.

당신은 부딪힌 남자를 보면서 이렇게 말한다. "아, 진짜…… 저기요!"

남자는 어깨를 한 번 으쓱하더니 뭐라 잘 들리지도 않는 소리로 사과의 말을 웅얼거리고는 잽싸게 사라진다. 전혀 신경 쓰지 않는다는 듯이.

당신은 심장이 벌렁거린다. 머릿속은 온갖 생각으로 뒤죽박죽이 되고 분노로 온몸이 덜덜 떨린다. 그러다가 좌절감이 밀려온다. 곧 마음이 가라앉으며 무력감이 들더니 이내 체념한다. 어떻게 잡은 면접 기회인데! 망했다. 당신은 스타벅스를 나와 집으로 간다.

자, 그러면 이제는 이 장면을 스타벅스 구석에서 지켜보고 있다고 상상해보라. 사건 속에 참여하는 것이 아니라 이번에는 관찰자가 되는 것이다.

당신은 차분하게 아침의 차 한 잔과 머핀을 즐기는 중이다. 그때 한 남자가 들어오는 게 곁눈으로 보인다. 안절부절못하는 모습이 다소 초조해 보인다. 남자는 커피를 주문하고, 손을 뻗어 신용카드를 꺼내려다가 지갑을 떨어뜨린다.

"젠장!" 남자는 날카롭게 말한다. 그는 계산을 하고 옆으로 물러나 픽업 카운터까지 몇 사람을 지나친다.

"티미 님!" 직원이 외친다.

"티미 아니고 토미예요." 남자가 쏘아붙인다.

토미는 커피를 받아들고 휙 돌아선다. 당연히 뒤에 서 있던 사람을 보지 못한다. 쿵! 토미가 돌아서는 걸 예상하지 못한 어느 젊은이와 세게 부딪힌다.

토미의 커피가 사방으로 날아간다.

"아, 진짜…… 저기요!" 토미가 소리를 지른다.

매장 안에 있던 사람들이 일제히 무슨 일인가 쳐다보는 통에 사방이 고요해진다.

당황한 것이 분명한 젊은이는 사람들의 시선을 피하려고 소곤소곤 사과를 하고는 서둘러 물러난다.

컷!!!!!!!!

둘 중 어느 이야기가 '진실'인가?

흠, 둘 다 진실이다. 첫 번째 시나리오에서는 상대와 부딪힌 게 당신의 직접적 경험이고, 당신은 그 때문에 취업 면접이라는 기회를 놓친 것으로 보인다. 두 번째 시나리오에서 당신은 사건에 참여하는 게 아니라 관찰자의 입장으로, 양측 모두에게 제각각의 이유로 잘못이 있다고 생각한다. 만약 당신이 첫 번째 시나리오만을 보거나 경험했다면 잘못은 순전히 상대에게 있다고 생각했을 것이다. 이게 바로 진실의 까다로운 측면이다. 우리가 오직 자신의 관점에서만 진실을 바라본다는 사실 말이다. 이 연습을 인생의 축소판이라고 생각해보라. 진실이라고 의지해왔던 것은 사건이나 환경에 따른 개인적 경험에 불과하다. 그런데도 우리는 개인적인 경험을 마치 불변의 사실처럼 여기면서 그것을 바탕으로 인생을 만들어나간다.

"네, 작가님, 좋아요. 그치만 '나의' 진실을 말하는 게 어때서요?"

문제는 없다. 하지만 진실을 말하는 것 때문에 당신이

덫에 걸려 있다면 어쩔 텐가? 나는 누가 자신의 진실을 말하는 것에 대해서는 전혀 반대하지 않는다. 그것이 자신만의 진실임을 알고 있기만 하다면 말이다. 당신의 경험을 깎아내리거나 폄하하는 게 아니다. 다만, 진실을 이렇게 보아야만 당신이 세상을 제대로 마주하고 거기서 오히려 힘을 얻을 수 있다.

이제는 모두
당신 책임이다

그동안 당신이 어떤 삶을 살아왔는지 지금 당장 살펴보라. 가족들과의 관계, 당신 자신과의 관계, 당신이 사랑이나 섹스, 잠재력, 배우자를 대하는 방식을 직시하라. 당신의 콤플렉스, 당신을 폭발시키는 버튼, 당신의 분노와 실망을 마주하라.

그 모든 것의 바탕이자 중심이며 그 모두와 얽혀 있는 그것은 무엇인가?

아버지가 한 일은 아버지가 한 일이다. 그뿐이다. 거기서부터는 당신의 책임이다. 인생이 요 모양, 요 꼴이 된 데 대해 누구를 혹은 무엇을 탓하고 싶은가? 당신은 자라는 동안 파란만장하고 기구한 삶을 살았을 수도 있고, 따분하고 무료한 삶을 살았을 수도 있다. 중요한 것은 비슷한 처지에서 성장했으나 당신과 전혀 다른 모습이 된 사람도 많다는 사실이다.

물론 당신이 내던져진 그 삶이 명백히 부적절하고, 종종 불공정하고, 어떤 경우는 불법이나 부도덕한 일까지도 포함한다는 사실을 충분히 알고 있다. 만약에 그랬다면 당신에게 마음을 담아 연민을 표한다. 그럼에도 불구하고 나는 당신을 흔들어놓고 싶다.

당신만의 확고한 진실은 당신을 통해 연명한다. 진실을 영속시키는 것은 당신이다. 이제는 모두 당신 책임이다.

일단 한번 확고한 기정사실이 되고 나면 당신의 진실들은 더 깊이, 더 멀리 나아가서 삶을 송두리째 집어삼키기 시작한다. 마치 실존의 그림자처럼 저 먼 과거에서부터 시작해 당신의 미래까지 기어

오른다. 당신은 그 진실에 발목이 잡혔다. 말 그대로 꼼짝없이 붙잡혔다.

과거가 얼룩진 사람은 많다. 파산했던 사람도 있고, 폭행이나 강도, 사기를 당한 사람도 있다. 남에게 휘둘려 고생한 사람, 원하지 않는 목적에 이용당한 사람도 있다. 하지만 그런 일이 당신을 규정하지는 않는다. 지금을 결정한 것은 과거에 일어난 일이 아니라, 당신이 선택하고 고수한 진실들이다.

인생 자체가 당신 혼자 경험한 것에 지나지 않을 가능성을 한번 생각해보라. 하나의 시각에 불과할 가능성, 삶을 바라보는 하나의 방식이 단순한 관점을 넘어, 훨씬 더 큰 무언가가 돼버렸을 가능성을 생각해보라. 그게 바로 당신이 계속해서 똑같은 파괴적 패턴에 빠지는 데 대한 변명이 됐다. 하지만 꼭 그래야 할 필요는 없다.

인생을 별 볼 일 없게
만드는 법

당신이 '진실'이라고 가리키고 있던 것(어린 시절부터 바로 5분 전까지 일어난 모든 일, 모든 장면, 모든 사건, 기쁨, 속상함)은 하나의 '시각'에 불과하다. 그것은 유일무이한 진실이 아니다. 그것은 내던져진 삶에 참여하는 하나의 방식에 불과하다. 누구나 그런 방식이 있다.

그중 누구의 방식이 '유일무이한' 진실인가?

어느 것도 아니다. 아니, 그 모두가 유일무이한 진실이다. 그중 어느 하나만 진실인 것은 아니다.

그동안 당신의 '진실'이 객관적인 것이라 생각하며 살아왔다. 있는 그대로 확고부동한 진실인 것처럼 말이다. 하지만 실제는 그렇지 않다. 우리가 다투는 것은 바로 이 때문이다. 정치에서도, 인간관계에서도, 사업에서도, 가족 내에서도 말이다. 단일한 진실에 동의하고 받아들이려고 고통스럽게 노력하지만 실제로는 단일한 진실이란 없다.

한편으로 당신은 결코 과거를 바꿀 수 없지만 과거를 바라보고 설명하는 방식을 바꾸기로 선택할 수는 있다. 그러면 당신이 느끼는 과거가 바뀐다. 그리고 그렇게 되면 틀림없이 과거가 바뀐다. 적어도 과거가 당신에게 미치는 영향력은 바뀐다.

이런 얘기조차 당신에게는 두려운 소식일지도 모른다. 왜냐고? 여러 사건에 대한 당신의 해석 때문에 가족이 해체되고 사랑이 실패하고 꿈이 산산조각 나는 것을 목격했을 수도 있기 때문이다. 당신은 당신 버전의 해석을 위해 싸웠다. 당신만의 해석에 파묻혔고 이후로 그 해석은 결코 틀릴 수가 없었다.

취조가 이쯤 진행되면 사람들은 패닉에 빠지기 시작한다. 꽁무니를 빼면서 근시안적으로 타고난 유전적 성향을 들먹이거나 보이지 않는 삶의 미스터리를 탓한다. 내가 가질 수 없거나 바꿀 수 없었다고 말이다. 무언가를 설명하고 변명하려는 욕구는 강력하다. 당신은 논점을 돌려서 합리화하기 시작할 것이다. 어떤 사람들은 그냥 나보다 더 똑똑하고, 재능 있고, 끝내주게 강인하거나 뛰어난 직관을 갖고 있다고 할 것이다. 당신의 삶이 이렇게 된 데 대해 책임을 벗을 수만 있다면 '뭐라도' 들이댈 것이다.

당신이 겪은 일의 심각성을 내가 축소하고 있다고, 당신이 지나온 길은 누구도 짐작조차 할 수 없다고 주장할지 모른다. 다른 사람들처럼 나도 당신을 절대 이해하지 못한다고 말할 수도 있다.

당신은 스스로를 피해자로 만드는 중이다. 인생을 정말로 별 볼일 없게 만드는 중이다. 대부분의 사람들처럼 당신도 인생에 적극적으로 개입하느니 차라리 변명하는 쪽을 택했다.

프랑스의 실존주의자 장 폴 사르트르는 그것을 완벽하게 요약해서 이렇게 말했다.

"꿈을 꾸는 사람들이 다들 그렇듯이, 나도 환멸과 진실이 헷갈린다."

어느 시점이 되면 당신이 하는 정당화가 분명히 지겨워질 것이다. 그때가 오면 더 이상은 당신 자신을 무언가의 피해자로 만들지 마라. 절망이나 죄책감, 수치심 등에 빠지라는 얘기가 아니다. 이제는 인생에 대해 온전한 주인 의식을 가져야 한다는 말이다. 눈물을 닦고, 허리를 곧게 세우고, 마침내 자신에 대한 오해를 바로잡아라.

실은 당신의 그 확고한 진실이 당신을 규정하는 게 아니라는 것, 그것들은 당신의 '내던져짐'과 마찬가지로 그저 설명하기 쉬운 빛나는 변명에 불과하다는 것을 이제는 똑바로 직시해야 할 것이다. 당신이 그 감옥을 탈출할 수 있는 정당한 방법은 그것뿐이다. 막중한 책임이 당신 손에 달려 있다.

Chapter Six

당신의 삶에서
집요하게 반복되는 결론

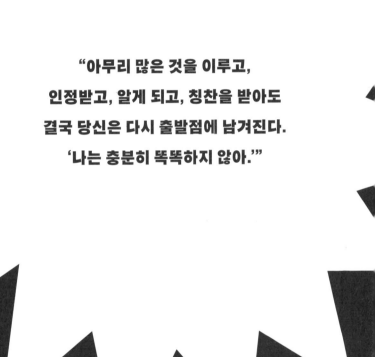

"아무리 많은 것을 이루고,
인정받고, 알게 되고, 칭찬을 받아도
결국 당신은 다시 출발점에 남겨진다.
'나는 충분히 똑똑하지 않아.'"

신체적, 신경학적 발달이 정점에 달하는 스무 살쯤이 되면 남들과 마찬가지로 당신도 대략 세 가지에 대해 자신만의 결론에 도달한다. 당신 자신, 타인, 인생에 대해.

세 결론들은 서로 아주 다르며, 당신 인생에서 아주 독특한 방식으로 드러난다. 그리고 세 가지가 합쳐져서 당신의 잠재력을 짓누르게 된다. 이 결론들은 모든 걸 왜곡하고, 모든 걸 일그러뜨린다. 그래서 궁극적으로는 지금과 같은 삶을 당신의 어깨에 지운다. 당신이 바꾸려고 기를 쓰는 바로 그 삶 말이다.

아무도 보고 있지 않을 때
스스로에게 하는 말

이번 장에서 본격적으로 들여다볼 것은 자기 자신에 대해 내린 결론이다. 당신의 자기 방해적 행동을 이해하고 마침내 끝내는 길은 바로 여기서부터 시작된다.

먼저 한 가지 명확히 해두자. 당신 자신에게 내린 결론이 '꽤 멋진 인간이야'라고 말할 생각은 하지 마라. 그건 그냥, 절대로 그럴 리가 없다.

당신 자신에 대한 결론들은 '절대로' 긍정적일 수가 없다.

종종 혼잣말로는 말할 수 있다. '나 정도면 괜찮지.' 그래, 어쩌면 아주 불필요하게도 그 생각을 믿고 있을지도 모른다. 하지만 실제로 그것은 표면 아래의 것을 극복하기 위한 번지르르한 헛소리일 뿐이다. 삶을 참아내기 위해, 가장 무시되고 참고 있고 개선해야 할 당신의 자아라는 꼼짝없는 운명에 어떻게든 반짝이 칠을 좀 해보려고 만들어낸 작전일 뿐이다.

보통은 다음과 같은 식이다.

'나는 충분히 똑똑하지 않아.'
'나는 루저야.'
'나는 유별나.'
'나는 중요하지 않아.'
'나는 무능해.'
'나는 사랑받지 못해.'

그러다가 보면 끝내 '나는 쓸모없어'까지 가기도 한다.

이제 당신이 답해야 할 질문은 '나는 나 자신에 관해 뭐라고 결론을 내렸는가?'이다. 이것은 자신에 대한 근본적 경험이다. 당신이 끊임없이 극복하려고 노력하고 있지만 늘 다시 그렇게 끝나고 마는 내재된 설계다.

이것은 아무도 보고 있지 않을 때 당신이 스스로에게 하는 말이다. 아무것도 증명할 필요가 없고 누구에게도 잘 보일 필요가 없을 때, 오로지 당신 자신과 당신의 생각만이 있을 때 하는 말이다.

당신이 '나는 충분히 똑똑하지 않아'라는 결론을 짊어지고 산다면, 아무리 오랜 세월 선생님이나 엄마, 친구 들이 당신에게 '똑똑하다'고 말해도 소용없는 일이다. 당신이 보기에는 그저 남들이 이해하지 못하고 있는 것이다. 어쩌면 그들이 당신에게 뭔가 문제가 있는 것처럼 대했을 수도 있고, 아니면 '당신이' 당신 자신에게 뭔가 문제가 있다고 생각했을 수도 있다. 아무리 많은 것을 이루고, 인정받고, 확인받고, 알게 되고, 힌트를 얻고, 칭찬을 받아도 당신은 당신 자신의 결론으로부터 놓여날 수 없다. 그 어떤 상을 받아도 결국 당신은 다시 출발점에 남겨진다. '나는 충분히 똑똑하지 않아.'

당신이 정말 극복해야
하는 것은 무엇인가

사람들은 아주 흔하게 다음과 같은 스스로에 대한 결론에 봉착한다. '나는 루저야'라는 결론이다.

언제든 당신이 압박이나 스트레스를 받거나 무언가에 실패하면 저 결론이 다시 등장한다.

'나는 루저야. 이럴 줄 알았어. 또 시작이네. 난 대체 어디서부터 잘못된 거야? 왜 난 아무것도 똑바로 할 수가 없는 거야?'

그러면 여러 생각과 감정이 자동으로 꼬리를 물고 떠오른다. 저 기본적 결론과 한 몸처럼 묶여 있는 생각들 말이다. 거기서 팔과 다리가 자라나면서 내면의 대화는 점점 몸집이 불어난다. '난 못 해', '너무 어려워', '버거워.' 그냥 생각이나 배경 소음이 아니다. 이게 한번 발동해서 큰 소리를 내기 시작하면 당신은 이미 그 대화의 세상 속에 들어가 있다. 내면의 대화가 당신을 조종한다.

'평생' 그렇다고 상상해보라. 당신이 해고되거나, 배우자가 당신을 떠나거나, 당신 대신 다른 사람이 승진을 했을 때 내면의 대화가 당신에게 미칠 뼈가 으스러질 듯한 충격을 한번 상상해보라. 당신이 당신의 고물차 뒤 칸에서 한 달 동안 쓸 수 있는 30달러짜리 선불 유심 카드를 팔아

보려고 용을 쓰고 있을 때, 가장 친한 친구는 그가 늘 꿈꾸던 타히티에서 유기농 선탠로션을 테스트하는 일자리를 구했다고 말하는 그런 경우를 말이다.

긍정적 사고라든가, '나는 충분해', '나는 잘하고 있어' 같은 개인적 단언이 왜 그처럼 허무맹랑하게 느껴지는지, 왜 그토록 부질없고 빈약해 보이는지 이제는 이해가 갈 것이다. 저 깊은 곳에, 당신의 가슴 한가운데에 쓰라린 고통이 있기 때문이다. 당신은 루저고, 아무도 그렇지 않다고 당신을 설득할 수 없기 때문이다.

때론 그들은 변호사, 의사, 선생님 등 당신이 상상할 수 있는 온갖 유형의 '성공한' 사회 구성원들이다. 그런데도 그들은 기본적으로 자신이 뭔가 모자란다는, 평균에 미치지 못한다는 결론을 가지고 살아간다. 매일 아침 침대에서 나와, 축 늘어진 몸을 이끌고 샤워를 하고, 옷을 입고, 커피를 꿀떡꿀떡 삼키고는, 늘 똑같은 일상 속으로 뛰어든다. 회사에 도착할 때부터 게임은 시작이다. 그들은 자신의 결론을 상기시키는 상황이나 사람을 회피하거나 뒤에서 조종하며 마치 자신의 생각이 존재하지 않는 '척'한다.

그들은 자신의 결론이 보이지 않게 숨기고, 막아내고, 마음에서 그리고 시야에서 밀어낸다. 그들은 그런 방식으로 발버둥 친다. 최악의 자기 자신과 덤벼볼 만하다고 생각하는 한계치 사이에서 매일같이 전투를 벌인다. 그 한계는 그가 몇 날, 몇 주, 몇 달, 몇 년을 허물고, 줄이고, 축소해온 것이다.

> "우리는 내가 '그런 척'하는 대로 된다. 그러니 '어떤 척'을 할지 신중해야 한다."
>
> _커트 보니것

사실 당신은 이미 자신이란 존재를 조심스레 보호하는 방향으로 자라왔다.

당신이 스스로를 어떻게 보고 있는지 안다면 사람들이 과연 어떻게 생각할까? 당신은 늘 무언가를 극복하고 어떤 '척'을 하며 인생을 살아왔다. 되고 싶어 하는 그 사람, 혹은 적어도 남들이 당신과 비슷하다고 봐주길 바라는 그 사람의 사진을 인스타그램에 올리면서 말이다.

삶을 어느 수준으로 유지하기 위해, 혹은 새로운 수준에 올려놓기 위해 말도 안 되는 그 아는 척, 있는 척, 상처받지 않은 척을 지속하느라 발바닥에 땀이 나게 뛰어다니고 있지 않은가? 대체 뭣 때문에?

성공이 당신에게는 왜 그렇게 중요한가? 당신은 무엇을 극복하려 하고 있는가?

나는 그게 자신에게 내린 결론의 무게를 감당하기 위한, 어떻게든 그 진실을 잊으려는 당신의 몸부림이라고 생각한다.

다시는 사랑받지 못하리라고
마음을 접은 삶

찰스 디킨스의 『크리스마스 캐럴』을 읽어보지 않은 사람이라고 해도 주인공 스크루지에 관해서는 들어보았을 것이다. 내가 이 소설을 좋아하는 것은 뻔한 그런 이유 때문이 아니다. 나는 스크루지가 내가 지금까지 이야기한 바를 그대로 보여주는 사례라고 생각한다.

스크루지는 인생을 되돌아보다가 그동안 스스로를 만들어온 방식에 대해 문득 불편함을 느꼈다. 매사 남들 탓으로 돌리는 습관 때문이다. "이것들은 원래 그런 거야. 날 탓하지 말라고!" 늘 이런 식이다.

그는 자신을 냉담하게 만든 것이 자기 자신이라는 생각을 견딜 수가 없었다. 그의 냉소주의는 사랑하는 사람을 잃은 후 그가 스스로에게 가한 유배 같은 것이었다. 그는 다시는 사랑을 할 수 없을 거라고, 사랑받지 못하리라고 결론을 내린 채로 삶을 살았다. 점점 더 많은 돈을 모았지만 그가 만들어낸 결론은 날마다 그를 잠식했다. 아무도 그의 마음에 들어갈 수 없었다. 그가 사랑하는 사람들도 마찬가지였다. 누구든 다가오기 무섭게 밀어냈다. 그는 눈앞에 있는 것도 볼 수 없었다. 잠재의식에 있는 믿음과 충돌했기 때문이다. 그래서 그는 그냥 하던 대로 계속 밀고 나가며 자신의 결론을 영속화하고 그런 현실을 위협할 수 있는 것들은 모조리 부정했다.

바로 당신처럼 말이다.

스스로에게 솔직해져라.
결론을 장악하라

그래서, 당신은 당신 자신에 대해 뭐라고 결론을 내렸는가?

지금부터는 이 문제를 고민해보자. 그러려면 당신이 살아 있다고 느꼈던 순간을 철저히 점검해보는 수밖에 없다. 바로 '생각'이라는 것을 해봐야 할 순간이다.

지금 당장 스스로에게 솔직해져라. 말도 안 되는 그 모든 헛소리, 희망, 바람, 욕구, 미래에 대한 계획을 넘어서 그 이면을 보라. 과거는 잊어버려라. 이유, 정당화, 핑계 따위는 잊어라. 당신이 당신 자신과 관련해 직면한 근원적 딜레마는 무엇인가? 돈 얘기가 아니다. 더 깊이 내려가보라. 당신 인생에서 가장 힘들었던 순간, 혹독한 시험에 들었던 순간들을 열심히, 한참 들여다보라. 무엇이 떠오르는가? 이 부분을 명확히 정리하기 전에는 이번 장을 벗어날 수 없다.

파티나 모임을 회피하면서 내가 저들을 싫어하기 때문이라고 말하는가? 실은 '나는 어울리지 않아' 혹은 '나는 유별나', '나는 충분하지 않아' 같은 결론에서 오는 불편함과 압박감 때문에 모임을 피하는 건 아닌가? 까발려지는 것이 두려운 사람은 그렇게 할 수도 있다.

당신이 그 직업을 택한 이유는 그게 당신에게 맞는 일이기 때문인가? 아니면 '나는 충분히 똑똑하지 않아'라는 결론이 당신을 뻔한 직업과 뻔한 인생 속에 가둔 것인가?

당신이 도통 연애를 하지 않는 것은 일이 너무 바빠서 혹은 특별한 사람을 만나지 못해서인가, 아니면 자신이 충분히 매력적이지 못하다는 혹은 '나를 원하는 사람은 없어' 또는 '사랑받을 만하지 않아'라는 결론을 바탕에 깔고 있기 때문인가? 지금의 연애가 암초에 부딪힌 이유는 서로 잘 맞지 않기 때문인가, 아니면 당신 자신에게 내린 결론이 어디든 끼어들어서 그 결핍을 정당화하기 위해 당신이 죽도록 상대의 흠집을 잡기 때문인가?

그래도, 답을 하지 못하겠는가!

살면서 뭔가 차질이 생겼을 때 당신이 반사작용처럼 기계적으로 떠올리는 생각은 무엇인가? 당신이 그 직장에서 해고되거나 승진에서 누락됐을 때 머릿속에 가장 먼저 떠오른 생각은 무엇인가?

마지막 연인과 헤어졌을 때 혹은 누군가를 실망시켰을 때, 저축해야 할 돈을 써버렸을 때, 샐러드를 먹어야 하는데 튀김을 한 봉지 먹었을 때 당신 머릿속에는 무슨 생각이 떠올랐는가?

그럴 때 당신은 당신 자신에 관해 뭐라고 말하는가?

사람들은 종종 내게 어떻게 자기 방해에 빠지지 않고 성공할 수 있었냐고 묻는다. 어떻게 균형 감각을 유지하고, 즐겁게 지내면서도 계속해서 건강한 도전과 목표를 만들어낼 수 있었느냐고 말이다.

이게 그 방법이다. 나는 내가 나 자신에 대해 어떤 결론을 내렸는지 아주 투명하고 분명하게 알고 있다.

내 결론이 무엇이고, 어떤 느낌이고, 내 기분이나 관점에 어떤 영향을 미칠지, 그리고 내가 나의 결론을 장악하지 못하면 그게 내 인생을 어떻게 휘젓고 초토화할지 극명하게 알고 있다. 가장 평범한 '디폴트' 상태의 나 자신을 제대로 간수하지 못했을 때 벌어질 수 있는 일들 말이다.

당신도 그렇게 될 수 있다. 하지만 아직은 좀 더 기다려야 한다. 눈에 보이지 않는 것들을 파악해서 마침내 당신 인생을 되찾으려면 해야 할 일들이 있다.

> "사람은 누구나 자기 시야의 한계를 곧 세상의 한계로 받아들인다. 이게 바로 지성의 오류다."
>
> _아르투어 쇼펜하우어

배꼽에 고개를 처박고 있지 말고, 주변을 둘러보라. 당신은 이 삶을 혼자서 사는 게 아니라 누군가와 함께 살고 있다. 누굴까?

사람들!

당신이 스스로를 순전한 외톨이라 여길지라도, 그렇게 되기 위해서는 남들이라는 배경이 있어야만 한다. 심지어 사생활조차 공적이다. 당신은 공적으로 사생활을 가진 사람이다. 사생활이란 남들에게 전하는 아주 공적인 선언이다. '침범하지 마세요. 물러나세요.'

'젠장!'

안다. 당신은 감추고 그동안 잘 감춰왔다고 생각했을 것이다. 미안하지만 모두가 지켜보고 있다.

당신이라는 큰 그림을 그리기 위해 다음 단계에서는 그동안 사람들에 대해 내린 결론을 밝힌다. 단순히 몇 명이 아니라, 모든 사람에 대한 당신의 결론 말이다.

Chapter Seven

영원히 살얼음판 위에 놓여 있는
당신의 타인들

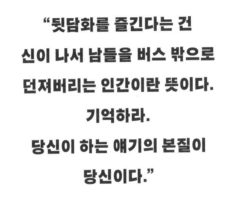

"뒷담화를 즐긴다는 건
신이 나서 남들을 버스 밖으로
던져버리는 인간이란 뜻이다.
기억하라.
당신이 하는 얘기의 본질이
당신이다."

수많은 경험으로부터 당신은 타인들을 비난해 마땅하다는 결론을 내렸다. 당신에게 타인이란 그런 사람들이다. 다시 말하지만, 이것은 그들의 실제 모습이나 가능성이 아니라 당신 관점에서 이미 결론 내버린 그들의 정체다.

　여기서 가장 중요한 것은 이 결론을 누가 던져준 게 아니라는 사실이다. 당신은 당신 과거의 피해자가 아니다. 스스로 그렇게 되기로 결정하기 전까지는 당신은 피해자가 아니다.

　이 말이 거북하다면 지금 당신은 피해자로 불리고 싶어

고집을 피우고 있다는 사실을 깨달아라. 피해자인지 아닌지 말할 수 있는 사람은 당신밖에 없다. 이 경우 당신의 삶을 지금처럼 만든 사람은 당신, 오직 당신뿐이다. 다시 말하지만, 지금 우리는 탓할 사람을 찾아내려는 것이 아니다. 당신을 억울하게 만드는 것도, 냉담하게 만드는 것도 당신이고 당신에게 힘을 줄 수 있는 것도 당신이라는 사실을 마침내 이해하자는 얘기다.

좋은 소식은 이렇게 엉망진창으로 만든 사람이 당신이라는 사실을 받아들이면 당신이 그걸 되돌릴 수도 있다는 사실도 인정하게 된다는 점이다. 종종 사람들에게 자신이 어떤 힘을 갖고 있는지 일깨워줘야 할 때가 있다. 형편없는 삶을 사는 데에도 위대한 삶을 사는 것만큼이나 많은 노력이 필요하다. 어느 쪽을 살고 싶은지 선택할 사람은 오직 당신뿐이다.

자신을 방어하기 위해
굳이 '잘될 것'을 걱정한다

타인에 대한 결론은 완벽한 생존을 위한 철두철미한 데이터다. 기억하라. 우리는 누구나 삶에서 안전을 확보하기 위해 악전고투하고 있고, 타인이란 인생에서 가장 예측 불가능한 요소 중 하나다. 그렇기에 우리는 사람들에 대한 결론을 미리 내려둠으로써, 사람으로 대표되는 가장 큰 미지와 위협에 대해 어떤 확실성을 느끼려 한다.

종종 당신은 연애나 첫 데이트에서 '잘될 것'을 걱정한다. 회의에 참석해 사람들 앞에서 말하는 것, 신용카드 회사에 전화를 거는 것, 화상회의로 고위 경영자들과 대화하는 것을 걱정하기도 한다. 결혼식에서 남들의 이목이 주목되는 것을 걱정하기도 하고, 마트에서 줄 서는 것을 걱정하기도 한다. 하지만 위와 같은 경우들이 과연 정말로 생존 모드를 켜야 할 상황일까? 당신은 자신이 사람들에 대해 내린 결론을 확인하는 데 발목이 잡혀 있다.

우리가 타인에 대해 내린 결론은 '사람들은 나를 조종

하려고 해' 혹은 '사람들은 신뢰할 수 없어' 같은 것들이다. 살면서 한두 번만 인생 사건을 겪으면 이런 결론이 스펀지에 스며든다. 그리고 다들 알다시피, 특별히 끔찍한(매를 맞거나, 성추행을 당하거나, 방치되거나 무시당한) 일들부터 시작해서 극히 평범한 것에 이르기까지, 어린 시절의 순진무구함을 방해하는 것은 너무나 많다. 정도의 차이는 있어도 누구나 마음속 깊이 어떤 결론이 자리 잡고 있다. 기억하라. 당신이 인생에서 저항하는 대상이 무엇이든, 그게 지속되는 이유는 바로 당신이 저항하기 때문이다. 누구나 자신만의 결론 때문에 늪에 빠져 있듯이, 당신도 당신의 결론 때문에 늪에 빠져 있다.

나를 찾아오는 사람 중에는 '겉보기에는' 평온한 어린 시절을 보냈는데 왜 성인이 되어서는 그처럼 보란 듯이 진로를 이탈해버렸는지 스스로도 이해하지 못하는 사람들이 많다. 외면했던 자신의 결론을 알려주면 그들은 그제야 수긍한다.

당신이 애타게 관심을 구할 때 부모가 TV 속으로 도피해버리거나, 베이비시터의 팔에 안겨 악을 쓰며 울고 있는 당신을 내버려두고 외출했을 수도 있다. 백화점에 갔다가 아버지와 아주 잠깐 헤어졌던 경험이 당신의 잠재의식에 깊이 새겨질 결론을 낳기도 한다. 그 한 번의 사건이 당신에게는 '사람들은 널 떠날 거야', '사람들을 믿으면 안 돼' 혹은 '사람들은 널 신경 쓰지 않아'라는 결론을 낳을 수 있다. 그리고 당신은 평생 그 관점을 뒷받침할 증거를 수집하고 다닐 것이다.

뭐라고!!?? 겨우 그것 때문에? 백화점에서 겨우 1~2분 길을 잃은 일 때문에? 그렇다. 가능하다. 적어도 시작은 그런 식일 수 있다. 광란의 성인기가 되기 위해 반드시 학대당하는 아동기가 필요한 것은 아니다.

일단 한번 이런 결론이 만들어지고 나면 더 이상 바뀌지 않는다. 성기고 희미한 기억들이 거쳐가면 스펀지는 결국 딱딱해지며, 얼룩과 자국 들은 영원히 그 속에 갇히게 된다. 잠재의식 속에 갇히는 것이다. 아무리 많은 양의 얼룩 제거제를 들이부어도 그것들을 깨끗이 지울 수는 없다. 빠져나갈 방법을 찾을 수도 없다.

성인기에 접어들어서도 이 결론들은 우리가 만나는 모든 사람을 이해하고 그들과 교류하는 데 기준선이 된다. 당신은 주위 사람들을 끊임없이 이런 결론의 렌즈를 통해 바라보고 있다.

너, 탈락! 탈락!
또 탈락!

우리의 결론을 하나의 관점으로 삼아 사람들을 바라본다는 애기는 그들이 나의 결론에 부합하는지 사람들을 테스트한다는 뜻도 된다. 저들은 나의 결론을 확인해주는가, 아니면 내 결론과 상충하는가?

예를 들어 당신이 '사람들은 나를 이용할 거야'라는 결론을 내렸다고 치자. 당신이 깨닫든, 그러지 못하든 당신은 끊임없이 만나는 모든 사람을 내부 필터로 검증하고 있다. '나를 이용하는 사람인가?'라는 항목에 해당하는지 맞춰보는 것이다.

물론 사람들과는 늘 어느 정도의 거리를 유지한다.

거짓말하는 것을 포착했다면? 흠, 그 사람은 테스트에서 탈락했다. '뭔가 도움을 받으려고 나를 열심히 칭찬하는가?' 탈락. '나에 관한 뒷담화를 하는가?' 또 탈락. 당신 머릿속에 있는 그 목소리는 끊임없이 통과인지 탈락인지 심판 중이다.

당신은 언제든 이 '느낌' 테스트에 기댄다. '저 사람은 뭔가 마음에 안 들어.' 벗어날 수 없다.

지금 막 안면을 튼 사람이 탈락하는 일은 예사다. 오래도록 알고 지낸 사람도 언제든지 시험대에 오른다. '통과와 탈락'을 결정하는 당신의 메커니즘은 늘 켜져 있다. 마치 절대로 꺼지지 않는 24시간 편의점의 바코드 스캐너와 같다. 삐, 삐, 삐. 누구도 살아남을 수 없다.

뭔가 조그만 꼬투리라도 이 작은 스캐너를 건드리는 순간 당신은 곧장 자동조종장치를 가동한다. 일단 증거를 손에 넣으면 당신은 그 사람을 영구히 제명해버린다. 이제 그 사람은 큰일 났다. 그리고 문제는 당신도 큰일이라는 점이다.

왜냐하면 일단 한번 누군가를 제명하고 나면 당신은 끝까지 그 길에서 벗어날 수 없기 때문이다. 그 무엇도 그들이 다시 당신의 총애를 받게 만들 수는 없다. 기적이나 대재앙이 일어나지 않고서야. 그들은 이제 상자에 들어갔고, 갇혔고, 다시는 나오지 못한다. 가족에 대해서건, 친구나 지인, 애인에 대해서건 사람에 대한 이런 결론은 늘 그 자리에 있다. 당신은 그 정도의 피상적 수준에서만 사람들을 알고 받아들이게 된다.

그런데 용케도 테스트를 통과하는 사람들이 있다. 바로 지금 당신 삶에 들어와 있는 사람들이다. 당신과 가장 가까운 사람들 말이다.

이 중에는 절친한 친구도 있고, 배우자도 있고(지금 당장은), 아마 확실히 통과하지는 않았지만 그렇다고 확실한 탈락도 아닌 몇몇 지인도 있을 것이다. 이런 관계를 가장 잘 나타내는 말이 바로 '적당한 거리'다. 안에 있는 것도 아니고 밖에 있는 것도 아닌, 결코 확실히 알 수 없는 관계. 길게 보면 그편이 차라리 쓸모 있을지 모른다.

용케 당신의 테스트를 통과한 사람들, 필터를 통과한 사람들도 물론 영원히 살얼음판을 벗어날 수 없다. 중대한 사건 하나면 그들도 곧장 '탈락자' 리스트에 들어가리라는 사실을 당신은 알고 있기 때문이다.

가장 먼저 지워지는 사람은 가족인 경우가 많다. '지우기' 절차는 사람마다 조금씩 다르다. 어떤 사람들은 오랜 시간에 걸쳐 조용히 사람들을 지워버려서 인간관계나 애착 범위가 끝없이 좁아지기도 한다. 사랑과 친밀감의 죽음이랄까.

때로 상대방은 이런 일이 벌어지고 있는 줄 모르기도 하고, 심지어 지우기를 하고 있는 사람조차 그 사실을 깨닫지 못하는 경우도 많다. 하지만 자신이 상대방에게 어떤 반응을 보였는지를 돌아보면 미묘한 힌트들(나중에서야 이해가 되는)을 발견할 수 있다. 문자 메시지나 전화에 답하는 속도가 조금씩 느려지는 것으로 시작해서 결국에는 연락을 끊고 그들을 피하는 방향으로 생활을 조정하는 것이다.

물론 순식간에 제거되는 관계도 있다.

남들의 분노 때문에 화가 난다면,
남들의 원망 때문에 원망을 한다면

이 모든 것의 문제점은 그들이 '정말로' 어떤 사람인지 혹은 어떤 사람이 '될 수' 있는지 당신은 제대로 보지 못한다는 점이다. 당신은 오직 당신의 결론이라는 렌즈를 통해서만 그들을 본다. 당신의 테스트는 공정하지 않다. 상대가 탈락할 수밖에 없는 구조이기 때문이다.

"내 상사가 최악이라는 데 내 친구들도 다들 '동의'했다고요!" 당신은 저들이 당신의 결론을 확인해줬다고 말하지만, 그건 그냥 뒷담화에 불과하다. 이왕에 이 문제에 접근하려고 마음을 먹었다면, 제발 그런 헛소리는 그만두길 바란다.

뒷담화가 무해하다고, 재미있다고 말하지 마라. 당신은 스스로 옳다고 생각하는 부정적인 헛소리를 퍼뜨리고 있을 뿐이다. 남들 얘기는 좀 그만해라. 그렇게 한눈을 파는 대신에 당신 삶을 책임지고 변화시켜라.

기억하라. 당신이 하는 얘기의 본질이 당신이다.

뒷담화를 즐긴다는 건 신이 나서 남들을 버스 밖으로 던져버리는 인간이라는 뜻이다. 차라리 새로운 친구를 사귀거나 최소한의 품위라도 지킬 수 있는 대화를 해봐라. 머저리 같은 사람들과의 얄팍한 관계에 남들을 갈아 넣을 게 아니라 뭔가 건설적인, 그런 대화를 하라.

내가 무슨 맹목적인 이상주의자라서 하는 소리가 아니다. 너저분한 짓을 하는 인간들도 있다는 것을 안다. 속임수를 쓰고, 거짓말을 하고, 뒤에서 조종하고, 남의 것을 훔치고, 자기 이익을 위해서라면 남이야 어찌 되든 말든 못할 짓이 없는 사람들이 있다는 사실을 잘 알고 있다. 하지만 이 책은 그런 얘기를 다루는 책이 아니다. 응징에 관한 얘기가 아니다. 그들에 관한 얘기가 아니다. 이 책은 '당신'

에 관한 애기다.

응징이라고? 나는 그따위 헛소리나 떠들고 있을 시간
이 없다. 응징이 당신 인생의 목표라면, 그게 인과응보와
는 아무 관계도 없다는 사실만 알아둬라. 그건 그냥 화가
난 것이고, 앙심이고, 복수심이다.

업보는 어느 한쪽 편을 들지 않는다.

실컷 응징을 즐기다 보면 당신 스스로 그런 아픈 진실
을 발견할지도 모른다. 원망이란 당신 스스로 짊어진 짐이
다. 물론 그래도 '괜찮다'고 말할 수도 있겠지만 이것만은
확실히 알아둬라. 그 짐은 진짜이고, 상상도 못 할 방식으
로 당신을 무겁게 짓누른다.

그렇다면 대안은 뭘까? 흠, 먼저 나는 남들의 헛소리를
참지 않는다. 그건 내 탓이 아니다. 나는 그들의 헛짓거리
에 내 삶을 거는 낭비도 하지 않는다. 솔직하고, 평가질을
하지 않으며, 진실하고, 개방적이다. '평가질을 하지 않는
다'는 말은 말 그대로다. 나는 언제고 누구를 평가할 위치

에 있지 않다.

당신이 나와 함께 가겠다면 규칙을 알려주겠다. 나와
함께하지 않겠다면, 알겠다. 하지만 당신이 준비가 됐을
때 나는 여기 있을 것이다. 당신이 영영 준비가 되지 않는
다면, 그거야 뭐. 각자의 선택이다. 분명한 건 10년, 20년,
50년이 흐르고 나면 당신이 어떤 인생을 살았는지 평가는
고사하고 당신이 여기 있었다는 사실조차 기억하는 사람
이 거의 없을 것이다.

남들이 당신에게 무슨 짓을 하든 그것 때문에 자동적으
로 당신이라는 사람이 바뀌지는 않는다. 그것 때문에 당신
이 바뀐다면 당신은 더 작은 인간이 될 뿐이다. 남들의 분
노 때문에 화가 난다면, 남들의 원망 때문에 원망을 한다
면 지금보다 더 못한 당신이 될 뿐이다.

당신의 사랑, 자기 표현은 세상에 널리 알리려고 존재하는 것이
지 막아버리려고 존재하는 것이 아니다. 한때는 꽃다웠던 우정이나
연애를 폐허로 만들고 거기에 휘둘릴 필요는 없다. 원망이란 깨닫
지 못한 자들, 바보들을 위한 것이다.

용서와 사랑, 유대는 바로 거기 있다. 늘 쉽지만은 않다는 것을 나도 안다. 하지만 그게 당신이 향해야 할 방향이다. 답을 찾아내라. 어떻게 하면 그런 인간이 될 수 있을지 알아내라. 그렇게 한다고 해서 만만한 사람이 되는 것은 아니다.

살면서 누구나 내가 한 일이 결국에는 내 손해로 끝나는 일을 경험한다. 나는 당신이 과거에 한 일로 당신을 평가하고 있는 게 아니다. 그동안 당신이 당신 자신을 어떤 사람으로 만들어왔는지 깨달아라. 너무 늦기 전에.

사람들은 자기 자신 말고는
아무에게도 신경 쓰지 않는다

내가 타인에 대해서 내린 잠재의식 속 결론은 '사람들은 신경 쓰지 않는다'이다. 사람들은 자기 자신 말고는 아무에게도 신경 쓰지 않는다. 나는 스트레스를 느끼거나 압박을 받거나 충돌이 생길 때면 즉시 이 결론이 떠오른다.

이 결론은 때로는 추하고 때로는 번지르르하며, 사람들에 대한 내 결심과 정면으로 위배된다. 결론은 나와 타인들 사이에 늘 존재하는 눈에 보이지 않는 장벽과 같다.

당신의 결론이 잠재의식 속 깊숙이 파묻혀 있다면 어떻게 찾아내야 할까? 먼저 당신이 잠재의식 속 사고 과정에 대해 의식적으로 핑계를 댔던 때를 생각해보자. 당신이 언제 그런 핑계를 대는지 자각하도록 노력하고 그런 순간을 포착하라. 정당한 문제에 대한 정당한 핑계를 얘기하는 게 아니다. 친구들과 파티를 하거나 나가서 놀거나 저녁 식사를 하는 게 마치 뱀파이어 햇빛 보듯이 싫어지는 순간을 말하는 것이다. 혹은 누군가 사업 아이디어를 제안하는데 당신 머릿속에는 즉각 상대가 나를 엿 먹일 온갖 가능성이 떠오를 때도 마찬가지다.

아마 특정한 자질이나 특징, 재능을 가진 사람들에게 붙이는 당신만의 꼬리표가 있을 것이다. 당신이 자동적으로 피하게 되는 그런 속성 말이다. 어쩌면 타인에 대한 결론은 당신을 그토록 짜증 나게 하는 바로 그 조그마한 일들에 숨어 있을지 모른다. 상대가 너무 똑똑한가? 그 말은 상대가 오만하거나 당신을 지배한다는 뜻인가? 상대가 너무 세련되거나 흔들림이 없어서 이기적으로 보이는가? 너무 외향적이어서 공격적이거나 둔감할 거라 짐작하는가?

기억하라. 이 결론의 본질은 일종의 비난이다. 당신이 타인에 대해 갖고 있는 불만인 셈이다.

당신이 사람들을 통해 겪은 바를 제대로 포착해내는 표현을 찾아내라. 당신이 겪은 모든 사람들을 바탕으로 말이다.

그리고 이것은 단순히 사람들에 대한 의견이 아니다. 이것은 당신이 인간에 대해서 근본적으로 내린 결론이다.

Chapter Eight

**우리는 평생 갇힐 인생의 사슬을
스스로 만든다**

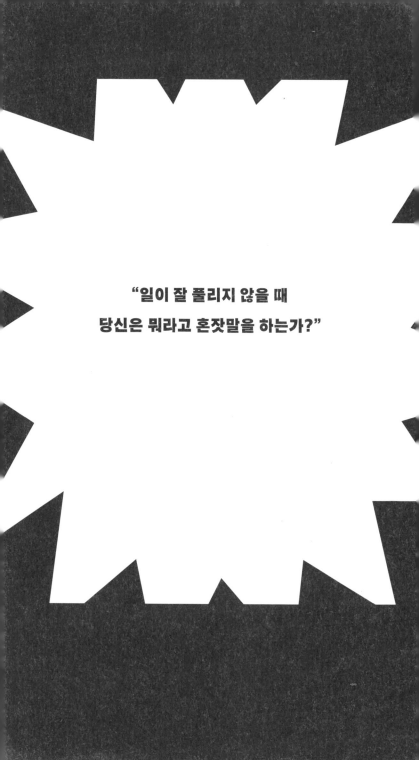

"일이 잘 풀리지 않을 때
당신은 뭐라고 혼잣말을 하는가?"

이번에 살펴볼 것은 당신이 인생에 대해 내린 결론이다.

비단 당신의 인생만을 얘기하는 게 아니다. 인생 자체, 그 전체를 얘기하는 것이다. 모든 인간관계, 당신의 직장, 이웃에서 일어나는 일 등을 포함해서 당신이 있는 지금 그 자리를 생각하면 무슨 생각이 드는가? 조금 더 나아가 사회적 이슈나 정치적 문제, 당신의 나라와 전 세계가 지금 마주하고 있는 여러 문제나 비극까지 생각해보면?

이 인생이라는 문제는 거대하고 복잡하며 예측 불가능하고 때로는 감당하기 힘들 정도로 버겁다.

우리가 점점 더 긍정적 태도에 중독되고, 세속적 추구를 벗어나려고 하는 것도 무리가 아니다.

긍정적 태도는 마치 들불처럼 사회에 퍼지고 있는 질병이라고 생각한다. 물론 나 역시 긍정 그 자체를 반대하지는 않는다. 하지만 긍정에 중독되는 것은 치명적이다. 노력하지 않아도 그저 매사가 신날 뿐인 몇몇 사람을 제외한다면 말이다. 자기 자신과의 관계가 끔찍할 때는 마냥 기운을 내라는 소리조차 버거울 수 있다. 달콤한 소리에 젖어서 자신이 처한 상황의 엄중함을 무시하거나 철저히 부정하면서 사는 사람도 많이 보았다. 그들은 그러다가 영영 때를 놓쳐버리곤 했다.

젠장, 만약 우리가 진심으로 인생이 끝내주며 순전히 가능성으로 가득하다고 믿었다면 그런 얘기를 할 필요조차 없었을 것이다. 잊지 않도록 계속 얘기해주거나 소셜 미디어에 그런 밈을 퍼뜨릴 필요도 없었을 것이다. 마치 중력처럼 늘 그 자리에 있으니 우리가 눈치챌 일도 없었을 것이다. 하지만 실제로는 그렇지 않다. 그렇다면 정말로 인생은 무엇인가?

하지만 우리는 인생이 이렇다, 저렇다 하면서 스스로에게 긍정적이고 낙관적인 얘기를 들려줘야 한다. 그래야 우리가 정말로 진실이라고 생각하는 것으로부터 눈을 돌릴 수 있기 때문이다.

잠재의식 저 깊숙한 곳에 인생에 대한 당신의 결론이 살고 있다. 다른 결론들과 마찬가지로 좋은 소식은 아니다. 실은 당신 자신이나 타인에 대해 내린 결론이 당신을 화나게 하는 정도라면, 인생에 대한 생각은 그것들을 모조리 덮어버릴 정도다.

> "누구나 오직 친구에게만 털어놓을 추억을 갖고 있다. 친구에게조차 드러내지 않고 자신에게만 내보일 비밀 추억도 있다. 하지만 자기 자신에게조차 이야기하기가 두려운 추억들도 있다. 품위 있는 사람이라면 그런 것들을 꽤 많이 쌓아두고 있다."
>
> _표도르 도스토옙스키

'인생은 힘들어'라는 결론을
입증하기 위해 살아가는 사람

미처 깨닫지도 못하는 사이, 인생에 대해 내린 결론은 매일매일 당신이 택하는 길에 영향을 주고 그 결과를 책임지며 살아가게 만든다.

'인생은 투쟁이야'가 당신의 결론이라면 당신은 그 투쟁을 치르는 데 힘을 쏟을 것이다. 당신이 발휘할 수 있는 모든 긍정의 힘과 노력, 논리적 사고를 동원할 것이다. 하지만 자기도 모르게 당신은 분명 인생을 계속 투쟁으로 남게 할 것이다. 너무 쉬워 보이거나 너무 복잡해 보인다는 이유로 변화할 기회를 마다하거나 묵살해버릴 것이다. 당신이 승리할 것처럼 보이면 스스로를 방해할 것이다. 계속 투쟁해야 하니까.

당신은 늘 다시 투쟁으로 굴러떨어질 것이다.

'이걸 좀 그만 먹었으면' 혹은 '저기에 돈 좀 그만 썼으면'이라고 생각하면서도 꾸역꾸역 그 짓을 계속한 적이 얼마나 많았던가?

당신은 투쟁을 피하는 게 아니라 말 그대로 계속 투쟁 속에 있으려 한다. 계속해서 같은 실수를 반복하면서 계속해서 같은 함정에 빠진다.

인생의 많은 문제는 꽤 간단하게 해결할 수 있다. 그런데도 우리는 어쩐 일인지 그런 문제를 처리하지 못하거나, 처리하지 않거나, 처리할 의지가 없다.

오도 가도 못하게 당신을 한 곳에 묶어놓고 있는 것이 인생에 대해서 당신이 내린 결론이다.

당신은 '인생은 힘들어'라는 결론에 휘둘리고 있을지 모른다. 언뜻 당신은 잘 해나가고 있는 듯이 보인다. 당신은 남들이 꿈꾸는 직장이나 사업, 가족을 가졌을 수도 있다.

하지만 그렇게 훌륭한 상황은 금세 지나간다. 거의 매일 당신을 좌절시키는 무언가가 있거나 결국에는 늘 '힘들다'로 끝난다. 그렇지 않은가? 이메일이 너무 많고, 회의가 너무 많고, 배우자나 아이들, 부모님, 친구들의 불평이 너무 많다. 시간이, 돈이, 지식이, 뭐든 너무 부족하다.

당신이 내적으로 상대하고 있는 것은 종종 외적으로 벌어지는 일과 부합하지 않는다.

반면에 당신의 삶에는 긍정적인 것이라고는 거의 없었을 수도 있다. 정말로 바닥을 기고 있다고 느낄 수도 있다. 그야말로 위태위태한 삶을 살고 있을 수도 있다. 금방이라도 울고 싶거나 화를 내거나 절망 속으로 무너져 내리고 싶은 나날이 끝도 없이 이어질지도 모른다. 그렇다고 누구에게 얘기를 할 수 있는 것도 아니다. 당신은 마치 잘 살고 있는 듯이 가면을 쓰고 살았고, 아무도 당신을 도와줄 수 없다고 믿고 있고, 다시 또 그 불행한 절망의 골짜기로 굴러떨어지지 않기 위해 매일 한 잔만 더 술을 마시기로 했기 때문이다.

당신은 도망치고 있지만 더 이상 도망갈 수가 없다. 숨이 차고, 아무 생각도 나지 않고, 사방의 벽들은 좁혀져 들어온다. 앞서 이야기했듯이 결론을 입증하는 쪽으로 치단는 것은 우리가 통제할 수 있는 사항이 아니다.

이 모든 것은 인생은 믿는 것으로부터 조금도 달라질 수 없다고 당신이 이미 결론을 내렸기 때문이다.

똑똑함이나 직관은
오히려 저주다

똑똑하고 유능한데도 본인의 잠재력을 전혀 발휘하지 못하는 사람은 많다. 그들도 알고 있다. 어찌 보면 그들의 똑똑함이나 직관은 오히려 저주다. 그게 그들의 결론을 더욱 실감 나게 만들기 때문이다. 그들은 자신이 더 큰 변화를 만들고, 대단히 멋진 삶을 살 수 있음을 알고 있으면서도 꼼짝하지 못한다.

그들은 무지가 축복이라고 말한다. 때로는 가장 통찰력 있고 가장 직관적인 사람들이 가장 큰 환멸을 느끼고 가장 냉소적이기도 하다. 이들의 결론은 가장 파괴적인 효과를 내고, 겉보기에는 그럴듯한 이유와 논리를 가진 아주 설득력 있는 핑계를 달고 온다. 그래봤자 핑계다.

이렇게 생각해보라. "돈이 모든 악의 근원"이라고 말하는 사람들이 있다. 혹은 "돈으로 행복을 살 수 없다"고도한다. 그리고 그 길로 너무 간 나머지, 직장도 교육도 집도모두 다 포기하고 물질적인 것들로부터 한 걸음 물러난 삶을 산다.

하지만 본인의 관점을 '정말로' 믿고 있는지 제대로 살펴본 사람이 얼마나 될까? 한 번도 검증해보지 않고 의문조차 가져보지 않은 채로 그토록 그 결론에 자족하고 있는사람이 얼마나 많을까? 사실 그들은 무언가를 회피하고있는 것이라면? 실제로는 성공이나 돈과 관련된 도덕성이나 스트레스, 짐, 번거로움, 복잡함을 비켜가고 있을 뿐이라면? 혹은 모두가 보는 앞에서 공개적으로 실패할 가능성을 피하고 있는 것이라면?

"습관의 이유와 목적은 언제나 거짓말이다. 그 이유와 목적들을 누군가 그 습관을 공격하며 이유와 목적을 묻기 시작한 후에야 덧붙여진다."

_프리드리히 니체

내가 모든 사람의 생각을 안다는 얘기는 아니다. 하지만 부자가 되기를 '원하지 않는' 수많은 사람들도 백만 달러 혹은 이백만 달러를 건네주면 기쁘게 받을 것이라고 나는 확신한다. 짐작하겠지만, 지금 우리는 돈 얘기를 하는 게 아니다. 당신의 '진실'을 마주 보는 것에 관한 얘기다. 당신이 살아왔으나 별 의문은 가져보지 않았던, 당신 삶의 여러 요소에 관한 이야기다. 이것은 특정한 커리어, 인생, 개인적 성취, 이정표에도 적용될 수 있고, 당신이 그동안 저항하려고 했던 것들에도 적용될 수 있다. 이 모두를 조종하는 것은 당신이 이미 오래전에 내린 어떤 결론이다.

비극이나 불행은 필요하지도 않다.
당신은 이미 피해자니까

내 의뢰인 가운데 한 여성은 삶에 대한 자신의 결론이

'인생은 공평하지 않아'라는 것을 발견했다. 이후로 몇 주, 몇 달간 그녀는 지금까지 자기도 모르는 사이 그 결론을 입증하며 살아왔는지 들여다보았다. 그녀는 그것 때문에 우정에 금이 가기도 했고, 상사와 소원해지기도 했으며, 가족과의 관계도 엉망인 데다가 늘 삶을 불공정하게 느꼈음을 깨달았다.

그녀의 결혼생활은 매일 누가 옳고 무엇이 공정한지를 놓고 다투고 싸우면서 흔들렸고 결국 끝나버렸다. 그들의 싸움은 더 이상 사랑이나 관계, 열정에 대한 것이 아니라 무엇이 공평하냐가 문제였다. 그녀는 삶 전체를 이 관점을 통해 들여다보았다. 당연히 그녀의 관점은 단순한 관점이 아니라, 진리였다. 적어도 그녀에게는 그랬다.

그게 어떤 삶일지 한번 상상해보라. 삶 자체가 불공평하다는 관점으로 매일을 시작한다고 말이다. 그런 관점이 당신이 살아가면서 겪는 일들을 오염시키지 않을 수가 있을까? 그 시나리오 속에서 당신은 이미 피해자다. 비극이나 불행은 필요하지도 않다. 자신이 놓인 상황 어디에서나 찾을 수 있기 때문이다.

우리가 그토록 간절히 동기부여를 바라는 것도 이상할 게 없다. 인생이 끝없는 투쟁이라고 생각하면서, 계속해서 동기부여가 되어 있기란 쉽지 않다. '이게 다 무슨 소용인가?' 싶을 때도 있다. '될 대로 되라지'라고 말하며 체념하는 게 더 쉬울 때도 있다. 항복하는 것이다.

당신에게
인생이란 무엇인가

인생에 대해 당신이 내린 결론을 뛰어넘고 싶다면 그 결론이 무엇인지부터 알아내야 한다.

밝혀내야 할 가장 중요한 사항은 구체적 결론 자체보다 그 결론의 성질이 어떠한가 하는 점이다. '인생은 힘들다' 와 '인생은 투쟁이다' 사이에 큰 차이는 없다. 우리가 인생을 대하는 태도에 미치는 영향은 비슷할 것이다. '인생은 위험하다'와 '인생은 위협적이다'도 마찬가지다.

그런데 우리가 이 결론을 살짝 엿볼 수 있을 때가 있다. 그것들이 수면 가까이 올라왔을 때다.

당신이 삶에 짓눌려 있을 때, 매일 혹은 매주 고전하고 있을 때, 당신의 결론 중 하나 또는 전부가 얼굴에 드러날 것이다.

일이 잘 풀리지 않을 때 당신은 인생에 대해 뭐라고 혼잣말을 하는가?

힘든 시간을 보낼 때, 그때가 바로 당신이 어느 한 영역, 때로는 모든 영역에 대한 당신의 결론에 푹 빠져 있을 때다.

당신이 그 안에서 헤어 나오기 힘들 때 결론들은 당신을 엄습한다. 당신이 지고 있을 때, 실패하고 있을 때, 거부 당했을 때 혹은 그냥 잘해내지 못하고 있을 때 당신 머리에 불쑥 떠오르는 익숙하고 정형화된 생각은 무엇인가?

지금은 그런 느낌이 들지 않는다면 마지막으로 그런 느낌을 받았던 때를 회상해보라. 당신이 마지막으로 기진맥진 녹초가 되었던 때, 짓눌렸던 때는 언제인가? 어린 시절 같은 과거의 어느 시점을 떠올릴 수도 있다. 당신이 고전 했거나 어려움이나 위험을 겪었던 때 말이다. 당신의 어린 삶에서는 그 시기가 가장 중요하고 영향력 있는 경험이 됐 을 것이다. 당신은 뭐라고 결론을 내렸는가? 부모님이 이 혼을 했거나, 엄마가 돌아가셨을 수도 있다. 유급을 당했 거나, 축구팀에 들어가지 못했거나, 갑자기 인생에 대한 생각이 바뀌기 시작했을 수도 있다.

당신의 어린 시절을 보면 의도치 않게 어린 당신을 특 정한 색깔의 삶으로 몰아갈 만한 사건들이 점점이 흩어져 있었다. 당신에게 인생이란 무엇인가? 아마도 혼란스럽거 나, 위험하거나, 버겁거나, 무의미한 것일 테다.

마지막으로 당신이 인생에서 바라지만 추구하지 않고 있거나 늘 모자라 보이는 것을 한번 살펴보라.

예를 들어 지금 당신이 꿈꾸는 삶은 어떤 것인가? 발리 나 캔자스, 더블린으로 이사를 가는 것인가? 더 날씬해지 거나 키가 자라거나 부자가 되는 것인가? 집이나 자동차,

몸매와 관련이 있는가? 그게 뭐였든, 당신의 꿈조차도 특정한 범위 내에 있다는 사실을 인지하라. 꿈이라고 해서 무한하지 않다. 당신의 시작점은 어디인가? 그 '꿈만 같은 삶'은 당신이라는 존재의 가장 밑바닥에 있는 어떤 문제를 해결해주는가?

당신이 떠올린 표면적 수준의 설명이나 핑계에 만족하지 마라. 더 깊이 파고들어 가라.

바로 거기에 당신의 결론이 있을 것이다. 당신이 당신 자신에게 그어놓은 한계가 있을 것이다. 이 과정은 당신의 소득에서부터 인간관계, 건강, 취미, 은퇴하고 싶은 나이에 이르기까지 모든 것에 적용할 수 있다.

이 결론들은 당신 삶의 모든 요소에 스며들어서 당신이 어느 길을 가고 어느 길은 가지 않을지에 영향을 미쳤다. 그러면 이쯤에서 한번 점검해보자. 당신의 가장 깊은 곳에 있는 두려움과 걱정거리를 들여다보자. 당신이 펼치고 있는 그 투쟁의 가장 깊숙한 곳으로 내려가보자. 받아주거나 예쁘게 포장하기 위해서가 아니다. 투쟁을 목격하기 위해서다. 투쟁이 무슨 짓을 벌이고 있는지 보라. 마냥 받아주는 사람이 아니라 관찰자가 되어라. 피해자가 아니라 목격자가 돼라. 혼자서 일일극 드라마를 찍고 있는 당신의 자기 방해로부터 멀찌감치 물러나 '생각'이라는 것을 하라. 당신 힘으로 그 작은 미스터리를 끼워 맞춰보라.

"우리는 평생 갇힐 인생의 사슬을 스스로 만든다."

_찰스 디킨스

이제 잠깐 멈춰보라. 잠시 시간을 내어 이번 장에서 밝혀낸 내용들을 곰곰이 생각해보라. 인생의 결론뿐만 아니라 우리가 알아낸 모든 것들을 말이다. 이 모든 게 어떤 의미이고 지금까지 당신이 인생에 무슨 짓을 해왔는지 온전히 받아들일 시간이 필요하다.

Chapter Nine

인생에 무슨 짓을 해왔는지
두 눈 뜨고 똑바로 봐야 한다

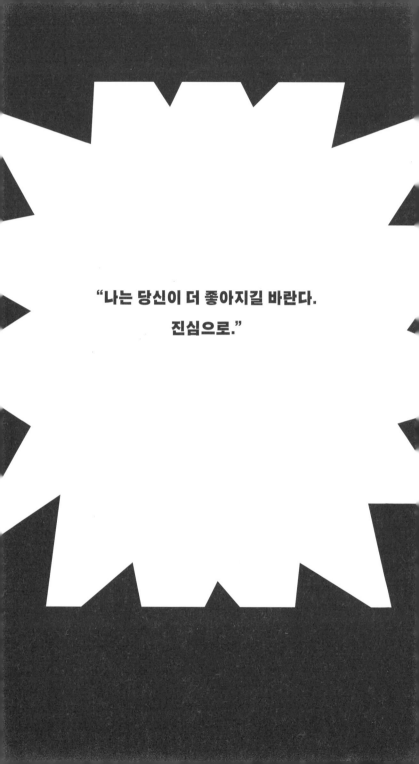

"나는 당신이 더 좋아지길 바란다.
진심으로."

당신이 '왜' 스스로를 망쳐왔는지 이제는 그 안개가 서서히 걷히기 시작했을 것이다. 당신의 결론은 당신에게는 단단한 바위와 같은 '진리'다. 당신은 거기서부터 출발해 이 세상을 이해한다.

　그렇게 해서 당신은 정확히 어디에 있게 되는 걸까? 그 진리는 당신을 이 우주 어디에 데려다 놓을까? 그게 퍼즐의 마지막 조각이 되어 당신이 왜 지금과 같은 사람이 되었는지를 이해하고 자기 방해를 영원히 잠재울 수 있는 방법을 찾게 해줄 것이다.

당신에게는 살아 있다는 것이 어떤 느낌인가. 바로 그 느낌, 당신 자신을 경험하는 그 느낌이 바로 그동안의 결론들이 합쳐져 실제로 당신이라는 아주 개인적인 경험을 구성하는 장소가 된다. 이 느낌은 당신이라는 존재의 구석구석에 모두 스며 있다.

이것은 당신이 인생을 바라보는 방식만이 아니다. 당신은 바로 그곳에서 인생과 만난다. 인생을 보고, 냄새 맡고, 만지는 방식은 모두 거기서 때로는 영감을 얻고 때로는 영감을 잃는다. 당신이 마주치는 모든 사람, 모든 사물과 교류하는 곳이 바로 그곳이다.

나는 이것을 관점이 아니라 당신의 '경험점point of experience'이라고 부른다. 마치 구글맵에 찍어놓은 핀 같이. 당신이 모든 것을 경험하는 장소 말이다. 당신만의 뚜렷하고 독특한 출발점인 셈이다. 당신이 갖고 싶은 미래가 어떤 것이든, 당신은 늘 익숙한 이 지점에서 출발한다.

손에 넣을 수는 없지만
이미 가지고 있는 그것

깨어 있는 매일을 당신은 익숙한 '경험점'에서 시작한다. 그 경험점은 편안하고 아늑한 곳이 아니다. 오히려 당신이 개선하고 싶고, 더 좋게 만들고 싶고, 결국은 극복하고 승리하고 싶은 곳이다. 당신이 그런 '언젠가는' 식의 인생을 살고 있는 것은 그 때문이다. 마치 언젠가는 모든 게 해피엔딩으로 끝날 것처럼, 목적지에 도착할 것처럼, 모든 게 근사할 것처럼 말이다. 안 그런가?

당신이 좇는 모든 게 왜 늘 '나중'인지 아직 눈치채지 못했는가? '지금 당장, 여기'였던 적은 한 번도 없다. 당신이 바라는 그것이 어찌어찌하여 이뤄진다손 치더라도, 그 자리는 다른 목표로 대체될 것이다. 그때부터는 그 새로운 것을 좇게 될 것이다. 아니면 아예 망쳐버리거나. 어느 쪽이 되었든 날짜만 바뀌었을 뿐 똑같은 헛짓거리일 것이다.

당신은 당신이 좇는 게 더 많은 돈, 새로운 커리어, 명성, 일생에 한 번뿐인 사랑 같은 목표라고 생각하겠지만,

그건 착각이다.

당신은 지금과 다른 당신이 되기를 추구한다. 지금의 당신이라는 딜레마를 해결하고 어떻게든 당신의 경험점의 무게를 덜 수 있게 말이다. 저런 목표들은? 저 목표들은 당신을 다르게, 더 좋게 만들어주리라고 '당신이 생각하는' 것들일 뿐이다.

하지만 그게 바로 뭔가를 추구할 때 발생하는 문제점이다. 늘 배고픈 짐승이라는 것 말이다. 그 짐승은 계속해서 먹잇감을 필요로 한다. 당신은 먹잇감을 쫓는 데 중독됐다. 다른 종류의 당신이 되고 싶은 그 허기짐은 절대로 충족될 수 없다.

왜냐고? 존재는 무슨 물건처럼 당신이 소유할 수 있는 게 아니기 때문이다. 존재는 '가질 수 없는' 것이다. 행복이나 만족이나 자신감을 병에 넣을 수는 없다. 그런 것들은 모두 당신이 살아 있기 때문에 느낄 수 있는, 순식간에 지나가는 경험이다. 그런 것들은 부침이 있고, 나타났다가 사라진다. 그런데도 우리는 여전히 그것들을 붙잡으려 한다. 우리는 본질적으로 유동적인 것을 가지고 뭔가 단단한 것을 만들려고 애쓴다. 당신의 진정한 자기 표현은 존재한다는 게 무엇인지 널리 알리는 것이다. 그런데도 당신은 대부분의 인간들과 마찬가지로 행복이나 사랑, 열정을 표현하는 게 아니라 그것들을 '추구'한다. 그게 마치 획득할 수 있는 뭐라도 되는 것처럼 말이다.

당신은 '이미' 당신이 좇고 있는 그것, 추구하고 있는 그것이다. 당신 자신이 그것이다. 이게 얼마나 미친 짓인지 알겠는가? 자신감이나 열정, 사랑을 찾아다니느라 왜 평생을 소모하는가? 그런 것들은 이미 당신 깊숙한 곳에 존재하고 있는데 말이다. 바다의 힘과 위풍당당함, 산악의 드넓음과 거대함이 당신 안에 있는데 말이다.

실패와 후회, 원망,
때로는 절망까지도 직시해야 한다

대부분의 사람들은 어려운 부분은 그냥 건너뛰고 곧장 좋은 소식으로 직행하고 싶어 한다. 나라고 사람들의 비참함을 즐기는 것이 아니다. 하지만 나는 비참함이 조금도 없는 변신은 지금까지 보지 못했다.

나는 당신이 더 좋아지길 바란다. 하지만 그러려면 이 것을 직시해야 한다. 당신이 당신 인생에 무슨 짓을 해왔는지(아직도 하고 있는지) 두 눈 뜨고 똑바로 봐야 한다. 목표를 추구하느라 무엇을 희생시켰는지, 인간관계가 어떻게 깨졌는지, 당신의 실패와 후회, 원망 그리고 때로는 절망까지도 직시해야 한다.

인생은 겨우 한두 시간 사이에 투쟁과 해피엔딩이 모두 일어나는 영화가 아니다. 영화가 아니기 때문에 지루한 부분에서 잠이 들 수도, 유혈이 낭자할 때 눈을 가릴 수도 없다.

"조급함은 불가능한 것을 요구한다. 목표를 이루는 데 필요한 수단도 없이 목표에 도달하고 싶어 한다. 기나긴 여정을 견뎌야 하는 이유는 모든 순간순간이 꼭 필요하기 때문이다."

_게오르크 빌헬름 프리드리히 헤겔

헤겔이 한 말을 달리 표현해보면, 이 책이라는 여정도 과정의 일부다. 정말로 당신다운 게 어떤 것인지, 당신의 결론에 발목 잡힌 게 어떤 것인지 반드시 알아내야 한다. 그래야만 살아 있다는 것을 근본적으로 이해할 수 있기 때문이다.

그렇다면 우리는 뭘 할 수 있을까? 먼저 애쓰고 버둥거리기를 그만둬라. 그리고 지금 있는 그곳을 받아들여라. 당장은 '여기에' 있어라. 지금 이 순간 말이다. 경험점을 극복하려는 시도는 부질없다. 그것은 마치 러닝머신보다 더 빨리 뛰겠다고 하는 것과 같다. 달리기로는 당신의 결론을 벗어날 수 없다. 깊이 생각을 해본다고, 열심히 노력한다고, 명상을 한다고 이 거지 같은 상황을 벗어날 수는 없다.

자신의 결론을 극복해보려고 인생의 절반을 쓰는 사람들이 많다. 그런 사람들은 결국 같은 자리로 되돌아오고 만다. 그런 깨달음이 종종 30대나 40대 중반쯤에 사람들의 뒤통수를 후려갈긴다.

소위 중년의 위기라는 것이다. 그제야 당신은 발목을

잡혀 있다는 사실을 깨닫는다. 평생 앞으로 전진했는데도 제자리라는 것을 깨닫는다. 경험점은 여전히 그대로라는 것을 알게 된다. 그리고 의문이 남는다. '이게 끝이야? 이게 전부야?'

그렇다. 당신의 경험점에서는 그게 끝이다. 그게 전부다. 그럴 때 대부분의 사람은 둘 중에 하나를 한다. 질식할 것 같지만 조용히 항복하거나 아니면 반항하면서 극적인 인생의 변화를 만들어낸다. 양쪽 다 헛짓거리다.

> "나이가 든 사람들은 인생이 올라가는 것도, 펼쳐지는 것도 아니며, 인생을 위축시키는 거침없는 내면의 과정임을 알아야 한다. 젊은 사람이 자기 자신에게 너무 몰두하는 것은 위험한 일이고 거의 범죄이지만, 나이 든 사람에게는 자기 자신에게 진지한 주의를 기울이는 것이 의무이자 불가피한 일이다.
>
> _칼 구스타프 융

지금까지 인생은 살아남고, 무언가를 추구하고, 또 살아남고, 무언가를 추구하는 과정이었다. 잠시 한 발 물러서

보라. 관찰자가 되어 당신의 삶을 바라보라. 여기서는 자신에게 솔직해져라. 지금은 당신의 낙천주의나 체념이나 신파를 받아줄 시점이 아니다. 삶이 어떻게 진행되어 왔는지 점검해보라. 어느 한 영역이 아니라 삶 전체를 점검해보라.

그러려면 지금 당신이 보고 있는 것과 당신 자신 사이에 어느 정도 거리를 두어야 할 것이다. 거리가 있어야 한발 물러나서 스스로 냉정하게 그것을 바라볼 수 있다. 한편으로는 당신과 지금 이 순간이 있고, 다른 한편으로는 지금까지 펼쳐진 당신의 삶이 있다. 보이는가?

당신의 발 사이즈를 두고
인정하니 마니 괴로워하지 않듯이

변화는 인정에서부터 시작된다. 있는 그대로의 모습에 대한 인정 말이다. 진정한 인정이란 어떤 것일까? 간단한 연습을 하나 해보자.

지금 바로 인생에서 당신이 거의 생각 자체를 하지 않는 사안을 하나 떠올려보라. 너무나 일상적이고 밋밋해서 그냥 생각의 배경 속으로 파묻혀버리는 그런 것 말이다. 뭐든 좋다. 당신 차의 색상, 당신의 미들네임, 머리 위의 전구, 당신의 발 사이즈, 무엇이든 좋다. 생각을 해보더라도 당신에게 아무런 영향을 주지 않는 그런 것이면 된다. 그것과 관련해서 당신은 아무런 기쁨도, 좌절도, 슬픔도, 열정도, 그 어떤 감정 상태도 경험하지 않는다. 말 그대로 당신은 그 사안과 관련해서는 경험하는 바가 '아무것도' 없다.

그 사안들이 어째서 당신에게 아무런 영향도 줄 수 없는지 아는가?

당신이 그 사안을 진심으로, 있는 그대로 받아들이기 때문이다. 당신에게는 그게 더 나아지거나 좀 다른 모습이거나 어떤 식으로든 바뀌기를 바라는 욕구가 없다. 당신은 그것을 '넘어섰거나' '극복'한 것이 아니다. 당신은 그것을 당신 인생에서 내칠 필요도 없고, 그것에 관해 이야기를 나누기는커녕 거의 생각조차 할 필요가 없다.

그래서 그 사안은 그냥 거기 그대로 있다. 이미 받아들였으므로 건드릴 필요도 없다.

그게 당신에게 아무런 영향도 미치지 않는 이유는 당신이 그것을 있는 그대로 받아들였기 때문이다. 그 사안은 그 사안이다. 당신 삶의 일부이기는 하지만 당신에게 아무런 영향도 미치지 못한다. 정서적으로 당신에게 끼치는 영향이 전혀 없다.

인간에게 진정한 받아들임이란 바로 그런 것이다. 비난하지 않고, 어떠한 반응도 보이지 않고 무언가를 있는 그대로 둘 수 있는 상태 말이다. 그게 나에게 아무런 영향력도 줄 수 없는 상태, 좋은 쪽이건 나쁜 쪽이건 영향력이 '제로'인 상태 말이다.

누구나 그림자를
안고 산다

당신은 당신 무의식의 어두운 부분들을 무시할 수 없다. 그것들을 억누를 수 없다. 그것들은 사라지지 않기 때문이다. 그것들을 사라지게 만들거나 어떤 식으로든 바꿔보려고 시도하면 그것들은 종종 더 악화하거나 더 뚜렷해지기도 한다. 그 가려운 부분은 긁으면 긁을수록 오히려 더 심해진다. 당신 마음속의 지하실은 당신의 모든 의구심과 공포가 자라나기에 딱 맞는 곳이다. 때때로 그것들이 필요로 하는 약간의 햇빛을 당신이 그런 식으로 계속 뿌려준다면 말이다.

당신이 그것들을 인정할 때까지 말이다. 그것들이 있는 바로 그 자리, 그 어둠을 말이다.

그것들에 관해 아무 얘기도, 아무 행동도 할 필요가 없다. 그냥 있는 그대로 둬라.

"안타깝게도 사람은 전체적으로 보면 자신이 생각하는

것만큼 혹은 되고 싶은 것만큼 훌륭하지 못하다는 데 의
심의 여지가 없다. 누구나 그림자를 안고 산다. 그 그림
자가 개인의 의식적 생활에 구현되는 정도가 적을수록
그림자는 더 검고 더 짙다."

_칼 구스타프 융

우리가 자신의 결론으로부터 도망치기를 그만둬야 하
는 이유가 바로 그 때문이다. 결론들을 부정하거나 회피하
거나 혹은 끝없는 노력을 통해 극복하려는 시도를 그만둬
라. 당신의 결론 속으로 파고들어 가라. 결론들을 조사하고
탐구하라. 지도 위에 당신의 경험점이 어디인지 찾아내라.

몇 날, 몇 주, 몇 달, 몇 해를 더 나아지려고 애쓰고, 고전
하고, 일시적 승리를 쟁취하고, 다시 깊은 어둠 속으로 곤
두박질쳤던 자기 방해의 세월을 직면하라.

그 모든 것을 드러내고 한데 넣은 다음…… 인정하라.

그렇다. 전부 다 인정하라. 그 결론들은 당신의 일부일
뿐, 전부가 아님을 깨달아라. 그것들은 결코 사라지지 않

을 것이고, 당신이 바꾸려고 애쓰면 애쓸수록 그것들은 당신 인생에서 더 큰 역할을 하게 된다는 사실을 그만 받아들여라. 그렇게 불편해하는 것이 당신의 병이다.

내버려둬라. 지금 당장 바로 여기서, 있는 그대로 둬라.

인정은 연습이다. 의식적인 훈련이다. 기계적인 반응과 여러 촉발제로부터 당신을 자유롭게 하라고, 스스로에게 약간의 공간을 내어주어 자기 방해와 자기 회의로부터 자유로운 인생을 만들라는. 때로는 매일, 매시간, 매분마다 자신을 일깨우는 행동이다. 그래야만 인정이 허용한 공간에서 살 수 있다.

Chapter Ten

과거가 아닌 미래를 참고해
결정을 내리는 사람의 결과

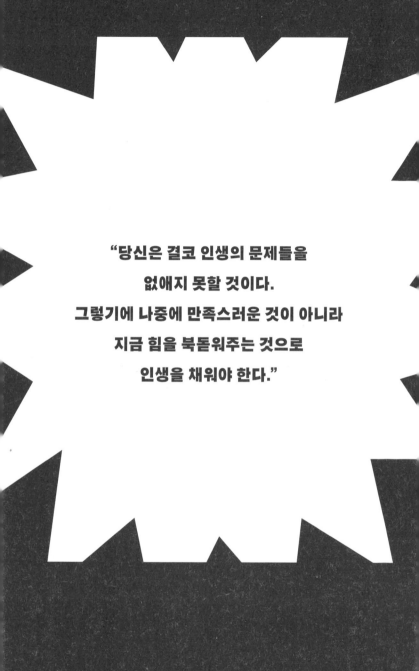

"당신은 결코 인생의 문제들을
없애지 못할 것이다.
그렇기에 나중에 만족스러운 것이 아니라
지금 힘을 북돋워주는 것으로
인생을 채워야 한다."

이제 당신이 지도 위 어디에 있는지는 분명하다. 거기가 당신의 삶이다. 당신은 매일 거기서 출발해 결국 거기로 돌아올 운명이다.

그렇게 반복적이고 되돌아오는 당신의 경험, 그 무의식의 메커니즘이 바로 당신의 삶을 안전하고 예측 가능하며 생존 가능하게 지켜준다. 그 과정에서 당신의 생기나 포부가 희생된다고 하더라도 말이다.

이 메커니즘은 대체 어디서 생겼을까? 그것은 모두 과거에서 비롯했다. 과거 당신 삶에 있는 순간들 속에서 만들어진 것이다. 당신이 내던져진 그 삶을 이해하고 살아내야만 했던, 어쩔 수 없었던 순간들 속에서 만들어졌다.

당신에게는 매일이 새롭지 '않다'는 것이다. 당신은 늘어린 시절 아주 초창기에 만들어진 몇몇 짐을 짊어지고 시작해 그 결론들을 바탕으로 행동하고 그것을 다시 이어지는 숱한 날들로 가지고 간다.

당신의 과거는 당신의 잠재력을 지배한다. 당신은 '무엇이든 가능한' 삶을 사는 게 아니다. 당신은 '나의 과거로 미루어 몇몇 가지는 가능한' 삶을 살고 있다.

당신은 꺾이고 제한된 꿈을 꾸고 있다. 스스로 만들어낸 이 감옥을 탈출할 가망은 없다. 매일매일 당신은 과거로부터 출발한다. 모든 생각, 모든 희망, 모든 계획이 바로 그 과거에서부터 시작한다. 그러니 아무것도 이루지 못했다 한들 뭐가 그리 놀라울까? 당신의 출발점은 저 뒤로 밀려나 있고, 당신의 발목은 거기에 단단히 묶여 있다.

당신은 언제나 이기고 있다. 겉으로 보기에는 지고 있

을 때조차 이런 헛짓거리의 반복이라는 측면에서 보면 이긴 셈이다.

당신은 당장의 걱정거리만 극복해야 하는 게 아니라, 당신 자신을 극복해야 한다. 훌륭한 모습의 당신이 아니라 최악일 때의 당신, 부정적이고 냉소적인 당신 말이다.

이것은 마치 마라톤에서 1등을 하고 싶지만 남들보다 30킬로미터 뒤처진 곳에서 출발하는 것과 비슷하다. 당신이 출발선을 넘어설 때쯤이면 경기는 거의 끝났고, 당신은 다시 되돌아간다.

자기계발서들은 모두 이 문제를 해결하려고 한다. 목표 설정의 요령을 알려주든, 요가를 하든, 망할 놈의 삶의 목적을 찾아주든 간에 말이다. 절대로 이길 수 없게 설계되어 있고 당신에게 완전히 불리한 게임에서 당신을 조금 더 낫게 만들려는 임시방편일 뿐인데도 당신은 계속해서 그 게임을 한다. 바꿀 수 없는 무언가를 바꾸려고 한다. 모두 함정일 뿐인데. 당신은 사기를 당하다가 죽는다. 그렇게 흘러간다.

어제 만난 시시한 사람 때문에
자기 인생을 비하하고 있다면

그렇다면 우리를 이렇게 자기 방해로 이끄는 것들을 어떻게 할 것인가? 죽일 것인가? 싸울 것인가? 협상할 것인가? 조종할 것인가?

아니다. 우리는 아무것도 하지 않는다. 우리는 아무 조치도 취하지 않을 것이다. 좀 더 자세히 얘기해보자. 모기에게 물려봤는가? 얼마나 가렵고 짜증 났는가? 긁고 싶어 죽겠고, 쥐어짜거나 하다못해 녹슨 핀이라도 가져다가 찌르고 싶었을 것이다. 마음의 평화를 점령한 그 감염 증세를 없앨 수만 있다면 못할 일이 없었을 것이다.

자, 그러면 당신이나 나나 둘 다 알고 있다. 모기에 물린 자국을 덜 건드리고 덜 생각할수록 상태는 더 좋아진다. 모기 자국에 집중하면 할수록 더 가렵고 짜증 난다. 간단히 말해서 모기에 물린 데에 마음을 뺏기고 저항할수록 상태는 더 나빠진다.

아니면 이런 식으로 한번 생각해보라. 자녀가 있는 사람은 이미 경험해봤을 것이다. 자녀가 없다면 아마 비행기에서 다른 부모들이 하는 것을 본 적은 있을지도 모른다. 소위 '방향 바꾸기'라는 것이다. 엄마나 아빠의 작은 천사가 60센티미터짜리 화산처럼 폭발하기 시작하면, 방향 바꾸기의 힘이 필요하다. 엄마는 장난감을 흔들고, 잡지나 사탕 혹은 갖고 있는 뭐라도 꺼내서 순간적 상상력을 동원해 공룡이나 마법사, 기린, 만화 캐릭터인 양 열심히 흔든다. 그러면 돌연 지옥으로 가는 문이 닫힌다. 천사 같은 아기의 얼굴에서 노기는 사라지고 조금 더 사랑스러운 표정이 되면서 우리가 그토록 사랑하는 '우아, 우아' 소리와 키득거림을 듣게 된다. 이어서 비행기에 탄 사람들은 다 같이 안도의 한숨을 내쉰다. 수많은 낯선 사람들 앞에서 대놓고 짜증을 낼 수도 없었는데 이 얼마나 다행인가?

마법 같은 방향 바꾸기의 순간에는 대체 무슨 일이 벌어진 걸까? 먼저, 화가 났던 일은 그대로 있다. 아무도 거기에 개입하지 않았고 입을 다물라고 하지도 않았다. 실은 화가 났다는 사실조차 제대로 인정받지 못했다. 다음으로, 완전히 새롭고 훨씬 더 흥미로운 대상이 나타났다. 바로 그 순간 아이의 뇌는 새로운 물건에 마음을 홀딱 뺏긴 나머지 다른 것은 안중에 들어오지도 않는다. 우리가 무언가에 아주 집중했을 때처럼. 나는 이것을 '진짜 방향 전환'이라고 부른다. 정말로 흥미롭고, 영감을 주고, 의욕이 솟구치게 만드는 쪽으로 관심을 돌리게 되면, 당신 마음에 뭐가 있었든 어느 쪽을 향해 가고 있었든 즉각 모드가 바뀐다. 큰 노력을 쏟지 않았는데도. 진짜 방향 전환을 했고, 마음과 행동, 관심의 초점은 자연스럽게 마음을 환하게 만드는 것에 몰두하게 된다.

당신의 인생은 뭐가 됐든 당신이 주의를 쏟고 시간과 에너지를 투자하고 행동을 취하는 방향으로 흘러갈 것이다. 당신이 하는 일이 결국에는 당신의 문제를 해결해줄 거라고 착각하고 있더라도 말이다. 끊임없이 문제를 해결하려고 들면 당신 인생에는 문제가 가득해진다.

앞서 이야기했듯이 뭐가 됐든 당신이 저항하면 바로 그 저항 때문에 사라지지 않는다.

그동안 당신은 과거에 맞춰서 살아왔다. 이제는 뭔가

새로운 것, 당신의 잠재력과 당신이 남길 유산에 집중하는 인생이 될 수 있도록 방향을 전환해야 한다. 새로운 정서적 접근법, 새로운 행동, 새로운 습관, 당신이 원한다고 말하는 그런 삶이 될 수 있는 것들에 집중하는 인생을 살아야 한다.

과거에서 통찰을 얻는 건
이제는 그만

영국 철학자 앨런 와츠는 과거와 우리의 관계를 비범한 시각으로 꿰뚫어 보았다. 그는 이렇게 말했다. "우리는 시간이 과거에서 출발해 현재를 거쳐 미래로 가는 일방향으로 움직인다고 생각한다. 자연히 인생은 과거에서 시작해 미래로 움직인다는 인상을 갖게 된다. 마치 '지금 일어나는 일과 앞으로 일어날 일은 늘 과거에 일어난 일의 결과'라고 생각하듯이 말이다. 다시 말해 우리는 그냥 따라가고 있는 것처럼 보인다."

이 책의 맥락에서 저건 대체 무슨 소리일까? 저 말은 당신이 인생의 모든 일이 이미 일어난 일 때문에 벌어지는 것처럼, 마치 그 결과인 것처럼 여겼다는 뜻이다.

저 말은 우리가 지금의 자신, 앞으로의 자신이 과거에서 비롯됐다는 생각에 익숙해지고 심지어 중독됐다는 뜻이다. 우리가 바랄 수 있는 최선은 과거의 나를 더 낫게 만드는 것뿐이라고 말이다.

동시에 이 말은 그동안 존재했던 나를 계속 유지하라는 소리다. 과거의 내가 더 이상 존재하지 않는다면 개선할 것도, 바꿀 것도 없으며 모든 게 해결되고 난 미래도 없을 테니 말이다. 자아는 스스로를 잠식한다. 계속.

당신 존재의 이유는 과거에서 현재로 오고 다시 미래로 간다. 마치 직선처럼 말이다.

당연히 이것은 사실이다. 지금까지 당신은 바로 정확히 그렇게 살아왔다. 과거는 5초 전일 수도 있고, 5년 전일 수도 있다. 상관없다. 하지만 당신은 끊임없이 과거를 들먹이며 지금 당신이 왜 그런 모습인지를 설명해왔다. 당신이 그것을 깨닫고 있었든, 아니든 말이다. 당신은 과거를 이용해 자신을 정당화한다. 과거를 이용해서 설명을 하고 핑계를 댄다. 당신은 과거를 마치 템플릿처럼 이용해 미래를 계획한다. '이건 해야 하고, 이건 하면 안 되고.'

당신이 하는 일은 모조리 이런 주문에 기초한다. 우리는 과거의 산물일 수밖에 없다는, 흔히들 받아들이는 바로 그 생각을 바탕으로 한다.

당신에게 원인과 결과는 한쪽 방향으로 진행될 뿐이다. 과거에서 시작해 오늘날까지 일직선으로 늘어서 있는 생각과 감정, 경험, 행동이 그것이다.

당신이 더 이상 형과 대화하지 않는 이유는 형이 6년 전에 했던 말 '때문'이다. 친구에게 전화를 걸지 않는 이유는 그녀가 지난주에 한 행동 '때문'이며, 여러 사람과 어울리지 않는 이유는 열두 살 때 있었던 일 '때문'이다.

과거에 있었던 일 '때문에' 앞으로 하지 않을 일들이 당신 인생에는 수두룩하다.

과거에 일어난 일이 지금 일어나는 일의 원인이다. 작년에 일어난 일이 올해의 원인이다. 어릴 때 일어난 일이 어른이 된 우리 삶의 원인이다. 적어도 우리는 그렇게 생각하도록 훈련받았다. 당연한 인과 같지만 절대 당연하지 않다. 그런데도 당신은 그런 식으로 속았고 세뇌당했다.

앨런 와츠는 이어서 말한다. "인생이 과거의 힘으로 움직인다는 생각은 우리의 상식에 너무 깊이 배어 있어서 없애기가 아주 힘들다."

그렇다면 우리는 어떻게 해야 할까? 이 자기 방해의 인생을 다 지나간 일로 만들려면 어떻게 해야 할까? 시곗바늘을 거꾸로 돌려서 과거를 바꿀 수 없음은 분명하다. 그때 일어난 일은 여전히 그때 일어난 일이다. 스펀지는 딱딱해졌고, 얼룩졌고, 바꿀 수 없다. 당신의 결론도 마찬가지다. 과거는 과거에 있다. 다 끝난 일이고, 우리는 과거를 바꿀 수 없다. 그러니 그건 그대로 남겨두기로 하자. 손대거나 참견하지 말자. 우리는 과거를 알아볼 수 있고, 과거를 인정할 수 있으며, 훨씬 더 만족스럽고 가능성이 가득한 쪽으로 방향을 돌릴 수 있다.

그렇다면 다음과 같은 의문이 따라온다. 우리가 정말로 새로운 방식으로 살 수 있다면, 자기 방해 충동을 없앨 수 있다면 과거를 지침으로 삼거나 과거에서 통찰을 얻는 일은 그만둔다는 뜻인가? 당연하다!

사람들이 아주 많이 남용하는 문구인 "역사에서 교훈을 얻지 못하는 사람은 역사를 반복하게 된다"는 말을 핑계로 댈 생각은 하지 마라. 우리가 같은 것이 계속 반복되는 일방향 도로를 달리고 있다는 사실은 의심의 여지 없이 증명했다고 생각한다. 인간이라는 종種은 학습에 관한 한 지독히도 느리게 발전하는 종임에 틀림없다.

물론 우리가 실패와 비극으로부터 배울 수 있는 것도 많다. 위험이나 잠재적 사고 가능성이 대두된다면 그것을 인지할 수 있어야 한다. 그러나 동시에 우리가 살면서 하는 '모든' 일에 과거가 적용되지는 않는다.

그렇다면 지금 당장 무엇을 지침으로 삼아야 할까?

당연히 미래다.

그들은 불가능한 프로젝트의 완료일까지
미리 정해둔다, 뻔뻔하게

20세기의 건축가이자 발명가 버크민스터 풀러는 이렇게 말했다. "기존의 현실과 싸워서는 아무것도 바꿀 수 없다. 무언가를 바꾸고 싶다면 새로운 모델을 만들어서 기존 모델을 한물간 것으로 만들어라."

이제 우리가 바로 그렇게 할 것이다. 뭔가 새로운 것을 만드는 것이다. 인생을 사는 방법에 대한 완전히 새로운 접근법 말이다.

망가진 시스템을 고칠 일이 아니라 완전히 새로운 시스템을 만들어야 한다. 완전히 새로운 쪽으로 당신의 방향을 바꿔줄 시스템 말이다. 당신이 새로운 삶을 살 수 있는 대담하고 신나는 방법.

이 책을 여기까지 읽었다면 이제는 당신이 사는 방법을 직시하고 더 이상 지금처럼 살 수 없음을 인정할 시점이다. 그 구식 삶이 더 이상 당신의 에너지를 뺏어가서는 안 된다. 더는 한 톨의 관심도 주지 않아 굶어 죽게 만들어야 한다.

그동안 당신의 미래는 과거에 닻을 내리고 있었다. 다른 여지가 없었다. 왜일까? 당신의 삶 전체가 과거를 극복하거나 과거를 되풀이하는 것을 중심으로 설계되어 있었기 때문이다.

일전에 어디선가 TV시리즈 〈스타트렉〉이 그때까지 발명되지도 않았던 기술을 50가지나 예견했다는 얘기를 읽었다. 그중에는 태블릿PC, GPS, 자동문, 휴대전화, 화상회의도 있었다. 목록이 상당히 인상적이었다.

〈스타트렉〉은 아무것도 '예견'하지 않았다. 〈스타트렉〉

은 상상의 산물이었다. 제작자들은 미래를 예견한 것이 아니다. 그저 그들은 영화의 완성을 위해 미래를 시각화했다. 그토록 멀리까지 나아간 기술을 포함한 미래 말이다.

지금 우리가 사용하고 있는 많은 첨단 기기들이 바로 대담하고 용감한 상상력을 발휘했던 이들의 산물이다. 그들은 먼저 땅에 깃발을 꽂은 후 거기서부터 그 상상이 실현된 지점까지 그사이에 필요한 모든 과정을 해결했다.

이게 뭐 새로운 아이디어도 아니다. 기업들은 늘 다음에 올 것을 설계한다. 미래를 바라보면서 대담하고 유례없는 계획을 세워서 투자하고, 확장하고, 재발명한다. 심지어 그들은 실현 불가능해 보이는 프로젝트의 완료일까지 미리 정해둔다, 뻔뻔하게. 그런 다음 당신이나 나는 하지 않는 무언가를 한다.

그들은 거꾸로 일한다. 그들이 하는 모든 일은 미래를 향한 것이다. 그들은 끝에서부터 시작한다. 아직 세상에 나오지 않은 것들이 그들을 조직하고 구성한다. 매일매일 영향을 주는 것은 아직 일어나지 않은 일들이다. 기업들은 과거에 좌우되지 않는다. 미래에 끌려간다. 그들은 미래에 대한 비전이 현재에 영향을 미치게 만든다.

세상에, 이건 완전히 새로운 방식으로 세상을 사는 것이다. 끝에서부터 시작하는 삶 말이다.

아무거나 하나 골라보자. 전혀 무해하고 무작위적인 것으로 말이다. 당신의 소득을 골랐다고 치자. 당신은 지금의 경제 사정에 만족하는가? 당신은 삶에서 더 많은 것을 이룰 듯한가? 어쩌면 소득이라는 영역이야말로 당신이 그동안 자기 방해를 자행해온 영역일 수도 있다.

좋다. 그러면 이것의 미래를 예견해보자. 끝에서부터 시작하라.

지금 이 순간부터 앞을 봐라. 당신의 상상력을 발휘해서 1~2년 앞을 내다봐라. 미래의 경제 사정은 어떤 모습인가? 지금보다 소득이 두 배가 되면? 통장 잔액이 1000만 원이 되면?

이것은 목표를 시각화하거나 구체화하는 것과는 다른 얘기다. 이것은 이미 있는 미래를 만들어가는 것에 관한 얘기이고, 장애물이나 제약 혹은 전형적인 자기 방해적 헛소리에 강력히 대처하기 위한 얘기다. 당신은 미래에 도달하려고 투쟁하는 것이 아니라 바로 그 미래에 이끌려가는 것이다.

미래가 아닌 것들은 모조리 해결하고 공략해야 한다. 전사나 투쟁가가 될 필요가 없다. 생각하는 것을 스스로 이룬 사람이 될 것이다.

미켈란젤로의 다비드는
이미 완성되어 있었다

이것은 원하는 삶을 설계하는 것에 관한 얘기다. 당신에게 힘을 북돋워주고 신나게 만드는 그런 삶 말이다. 지금까지 해왔던 자기 방해로부터 완전히 방향을 돌리는 일이다.

르네상스 전성기 이탈리아의 조각가이자 화가, 건축가, 시인이었던 미켈란젤로는 서양 예술 발전에 독보적인 영향을 미쳤다. 모든 시대를 통틀어 가장 위대한 예술가라고 해도 모자람이 없다.

그가 남긴 작품 중에 높이 5미터, 무게 6톤의 다비드상이 있다. 깨끗한 이탈리아산 카라라 대리석 덩어리를 깎아서 만든 것이다. 그런데 미켈란젤로는 대리석을 깎아 조각상을 만든 것이 아니라 대리석 덩어리에서 '다비드'가 아닌 것을 모조리 제거하는 방법으로 조각상을 완성했다고 한다. 미켈란젤로의 머릿속에서 다비드는 이미 완성되어 있었고 한 조각, 한 조각 드러나기만을 기다리며 작업했던 것이다. 그는 그 열정에 자기 생의 2년을 온전히 투자했다. 현재로부터 미래를 드러내면서 말이다.

그는 미래가 실현될 때까지 미래에서부터 현재를 향해 조각했다. 하나의 완성 후에는 다음 번 미래, 그다음 미래, 그다음 번 미래로 자신의 삶을 채웠다. 그는 매일매일이 조각가였다. 언젠가 조각가가 되려고 노력한 게 아니었다. 그는 조각가라면 가질 법한 문제들로 자신의 삶을 채웠고,

거기에 온전히 자기 자신을 바쳤다. 그리고 그 작업이 그를 빛나게 만들었다.

이렇게 한번 생각해보라. 지금까지 당신의 인생이라고 하는 거대한 돌덩어리를 조각해왔다. 그동안 당신에게는 현재에 영감을 줄 미래도 없었고, 더 훌륭한 당신이 되라고 말해주는 목소리도 없었다. 당신은 그냥 눈앞에 있는 거대한 돌덩어리에 마구잡이로 팔을 휘둘렀다. 언젠가는 거기서 뭔가 가치 있는 게 나올 거라는 희망 속에 살기 위해서 말이다. 언젠가는.

바로 그런 식으로 당신은 '언젠가' 올 순간적인 만족이나 성취를 위해 매시간, 매일, 매주를 희생시켰다. 어딘가로 가려고 애쓰면서 정작 한 번도 지금, 여기에 있었던 적은 없었다. 실제로 당신 앞에 나타났던 짧은 성공의 순간들은 금세 잊히거나 창고로 들어갔다. 당신에게 위대해지라고 말해준 계기들이 인생에 없었기 때문이다.

한 번만이라도 '현재' 삶을 당신에게 활력을 주는 목적이나 활동으로 가득 채워보라는 얘기다. 당신에게 가장 중요한 것들에 집중하는 인생 말이다. 매일매일 당신이 거대한 돌덩이를 조금씩 깎아내는 인생, 한때는 불가능하다고 생각했던 미래를 조금씩 드러내고 보여주는 그런 인생을 만들어가야 한다.

잘 들어보라. 당신은 결코 인생의 문제들을 없애지 못할 것이다. 하지만 당신도 미켈란젤로가 덤벼들었던 방식으로 문제를 상대하려고 시작해볼 수는 있다. 나중에 가치 있고 만족스러운 것이 아니라, 지금 당신에게 힘을 북돋워주는 것들로 인생을 채워야 한다.

> "구성된 것은 구성되고 나서야 사랑받을 수 있다. 하지만 창조된 것은 존재하기 전부터 사랑받는다."
>
> _찰스 디킨스

나는 왜 작가가 됐을까? 작가의 삶을 살고 싶었기 때문이다. 그 삶의 모든 순간을 살고 싶었다. 나에게는 작가가 되겠다는 목표가 없었다. 작가란 내가 명예 훈장을 받을 때까지 더 잘해보려고, 더 나아지려고 노력하는 목표가 아니었다. 나는 '처음부터' 작가였고, 그게 가능한 삶을 구축

했다. 나는 작가가 가지고 있을 법한 문제들로 삶을 가득 채웠고, 거기에 필요한 도전들은 내게 의욕과 생기를 불어넣었다. '나는 작가'라는 개념을 받아들였을 때 나타난 문제들을 열심히 해결하려고 했다. 어느 날부터 나는 이미 작가였다.

당신 삶의 모든 영역에도 똑같은 철학이 적용된다. 당신의 결혼생활은 그냥 별 탈 없이 잘 지내는 것이 전부인가, 아니면 진짜 열정적인 사랑을 하려고 하는가? 신용도를 높이려고 저축을 하는가, 아니면 경제적 자유를 향해 가는 중인가? 살을 빼려고 다이어트를 하는가, 아니면 몰라볼 만큼 건강한 삶을 사는 자신을 드러내는 중인가?

각각의 경우에 당신은 더 큰 무언가를 위해 있는 힘껏 팔을 뻗어야 하는 상황에 놓일 것이다. 그게 반드시 안락하지만은 않겠지만, 그 불편함은 당신 스스로가 창조한 불편일 것이다. 한순간 한순간 그 불편과 불안이 조금씩 당신이 설계한 미래를 드러낼 것이다.

살면서 매 순간 선택에 직면할 것이다. 그 선택은 발언권이 전혀 없었던 과거를 지침으로 삼아 이뤄질 수도 있고, 당신이 창조한 미래로 말미암을 수도 있다. 선택은 당신이 내려야 한다.

오늘 새로운 미래에 걸맞은 어떤 행동을 할 텐가? 그렇게 서서히 드러내고 싶은 일, 꿈, 열정, 목적은 무엇인가? 당신을 빛나게 만드는 것은 무엇인가? 자기 인생에 정말로 만족하기 위해 당신은 무엇을 할 작정인가?

Chapter Eleven

자기 자신을 의심하지 않을 때
비로소 가능한 변화들

"우주는 누구의 편도 아니다.
당신에게 악감정을 갖고 있지도 않다.
어떤 일이 벌어진다면 그것은
오직 당신이 거기에 계기를 주었기 때문이다.
그뿐이다."

미래를 드러내는 방식으로 목표에 접근하는 것이 근사해 보이는 이유는 미래는 정말로 한계가 없기 때문이다. 아직 아무것도 만들어지지 않았으니, 원하는 대로 할 수 있다. 미래는 확장이 가능하니 무엇이든 포함할 수 있다. 잠들어 있는 과거에서 벗어나면, 당신 앞에 놓인 것을 당신 뒤에 있는 것들로 파악하려는 노력을 그만두면, 정말로 무한한 잠재력이 생긴다.

　계속해서 깨어 있다면 말이다.

　미래에 당신은 마라톤을 할지도 모른다. 소설을 쓰거나

새로운 언어로 대화를 하고 있을지도 모른다. 멋진 몸매를 갖게 되거나 활발하게 많은 친구를 사귈지도 모른다. 중요한 것은 당신의 비전이다. 그 외의 모든 것은 그냥 오래된 뇌의 패턴이자 행동일 뿐이다.

기억하라. 자기 방해의 행동이 저절로 멈추기를 바라서는 안 된다. 당신 삶에 새로운 행동과 새로운 결과를 가득 채울 미래, 요컨대 새로운 삶은 당신이 설계해야 한다. 지금이라도 그런 삶을 가질 수 있다. 당장 가능하다.

인생은
하나의 거대한 실험

"그치만, 작가님. 저는 제 인생에서 뭘 해야 할지 모르겠다고요!"

거짓말. 그 말은 당신을 과거에 묶어두기 위한 또 다른 핑계일 뿐이다. 당신한테는 핑계처럼 보이지 않을지 몰라도 실제로는 핑계다. 중요한 것은 당신이 무엇을 하느냐가 아니라 그것을 하고 있다는 사실 자체다. 가만히 서서 길을 찾아낼 수는 없다. 인생은 하나의 거대한 실험에 불과하다. 소리치고, 비명을 지르고, 사랑하고, 살고, 죽는 삶의 순간들이다. 하지만 당신 인생에 '딱 맞는' 게 무엇일지 걱정하느라 가만히 앉아 있어서는 아무것도 할 수 없다. 어마어마하게 많은 놀라운 발견들이 계획이 아닌 우연으로 이뤄졌다. 하나를 시도해보고, 효과가 없으면 다른 걸 시도하라. 살아 있다는 게 무엇인지 탐구하라.

하루에도 몇 번씩, 때로는 수백 번씩, 앞으로도 헤아릴 수 없이 많은 날 동안, 당신은 자문해봐야 한다. "나의 미래는 지금 당장 무엇을 하라고 말하는가?"

답이 뭐가 되었든 당장 하라.

아직도 당신이 치밀하게 스스로를 방해하는 그 수많은 방식을 철저히 이해하지 못했다면 앞으로 되돌아가서 당신의 내던져진 삶을 이해하라. 당신이 구축한 진실을 발견하라. 당신이 하루하루를 시작하는 그 익숙한 경험점을 확인하라. 매번 다른 눈으로, 필요한 만큼 이 책을 반복해서 읽어라. 실은 그 눈이 당신 인생을 바꿔줄 것이다.

마르틴 하이데거는 내가 내던져진 방식을 이해하고 나면 인생이 활짝 열릴 거라고 생각했다. 그때까지는 '내던져짐'이 내 정체성을 규정한다. 하지만 그게 작동하는 방식을 알고 나면 진정한 자유를 찾을 수 있다.

하지만 그러려면 중요한 한 가지가 필요하다. 바로 주인 의식이다. 뭐가 되었든 그동안 장악하고 있던 것이 더 이상 당신을 장악해서는 안 된다. 그래서 우리가 지금까지 이런 노력을 하고 그토록 깊이 파고든 것이다. 그동안 당신을 부정적인 감정으로 몰았던 것이 무엇인지 규정하고 그걸 치워버리기 위해서. 당신을 깨우기 위해서. 당신이 자각하게 만들기 위해서.

망쳐버린 날에도
마음은 미래를 향해

이제 당신은 자각하는 모든 것에 책임을 져야 한다. 그동안의 그 지겨운 핑계들은 더 이상 들먹여서는 안 된다. 죄책감, 수치심, 약점 들을 더는 이용해서는 안 된다. 물론 그런 순간들도 있을 것이다. 뻔한 일들을 하고 싶은 충동이 자석처럼 강력하게 몰려올 때가 있을 것이다. 그런 충동이 감당하기 힘들 때도 있을 것이다.

예를 들어 당신은 결혼 생활을 방해하고 있는 그 똑같은 패턴을 마침내 끝내버리고 다시 사랑을 쏟기로 작정할 수도 있다. 하지만 배우자가 그 말을 또 하면, 당신을 정말로 돌아버리게 만드는 그 말을 하면 그때는 어떻게 할 것인가? 그때는 멈춰서 선택을 내려야 한다. 그리고 당신이 만든 그 미래를 기억하라. 당신이 늘 원했던 인생과 관계가 반영된 그 미래를 기억하고 조각을 시작하라. 깎아내라. 장애물을 제거하라. 장애물과 싸우거나 장애물을 미워하거나 과민반응하지 마라. 배우자에게 상처를 주고 둘의 관계를 해칠 말을 내뱉지 마라. 흔들림 없이 장애물을 옆으로 치우고 지나가라. 서로 사랑하는 부부관계라는 미래에 걸맞은 행동을 그 순간 취하라. 정말로 방향을 전환하라.

그 행동은 사과의 말일 수도 있고, 배우자에게 사랑한다고 얘기하거나 잠깐 마음을 진정할 시간을 달라고 요청하는 것일 수도 있다. 이런 행동은 자기 방해의 충동에 개입하는 일에 가까이 가기 위한 과정이다.

다음 번이 또 오면 당신은 다시금 장애물을 옆으로 치우고 그 자리에 사랑이 가득한 결혼 생활을 위한 행동을 하면 된다. 당신은 매번 그렇게 할 것이다. 사랑이 있는 삶에 모든 초점을 맞춘 사람들은 그렇게 행동하기 때문이다. 그들은 도움이 되는 일을 한다.

당신은 이런 행동을 하루에 두 번 해야 할 수도 있고, 하루에 200번 해야 할 수도 있다. 진정한 변화는 그렇게 해야 만들어진다. 정말로 원하는 것을 위해 진지하게, 모든 것을 걸고, 송두리째 자신의 존재를 던져야 한다. 특히나 당신이 패배했을 때, 우울할 때, 혼란스러울 때, 또는 어떤 식으로든 스스로를 배신할 핑계를 찾고 싶을 때는 더욱 그렇게 해야 한다.

망쳐버리는 날도 있을 것이다. 그렇다. 다 망쳐버릴지도 모른다. 하지만 그럴 때조차 그 순간이 지난 후 어떻게 대처해야 할지 지침이 필요할 때는 미래를 바라보아야 한다. 관계에 사랑을 가져오기로 작정했을 때, 그런데도 화가 나서 결코 해서는 안 되는 위험한 말을 했을 때, 이제 사랑은 당신에게 뭘 요구할까? 책임을 져라. 사과를 하고 당신이 미래에 이미 만들어놓은, 그 사랑이 가득한 관계를 향해 계속 움직여라.

실수를 했다는 사실 자체는 중요하지 않다. 중요한 것은 돌덩이를 계속 조각해 이미 존재하는 미래를 만들어나가는 일이다. 당신이 설계한 미래를 존중하는 것이다.

다비드는 이미 미켈란젤로의 마음속에 있었다. 그가 한 일은 자신이 만든 미래를 드러낸 것이다. 지금 당신이 해야 할 일도 그것이다. 미래를 드러내라. 한 번에 한 조각씩, 매일매일 드러내라. 과연 미켈란젤로라고 해서 다비드를 만드는 동안 자신이 저지른 실수를 해결해야 했던 적이 한

번도 없었을까?

이따금씩 옛날의 그것들이 당신을 또 방해할 것이다. 난동을 피우며 당신의 뒤통수를 치기도 할 것이다.

그럴 때가 바로 과거의 당신보다 미래의 당신이 더 중요해지는 순간이다.

당신은 망가지지 않았다.
고칠 것은 아무것도 없다

이 책에서 내가 당신을 이리저리 끌고 다니며 보여준 것들, 당신에게 직면하라고 했던 것들은 모두 지금 이 순간을 위한 것이다. 지금이 진정한 변화를 시도할 기회다. 당신이 망가진 현실을 고치려고 과거에 시도했던 그런 가짜 변화 말고 진짜 변화 말이다. 근본적인 진짜 변화를 위해서는 완전히 새로운 규칙과 행동 방식이 필요하다.

당신은 그 미래를 규정해야 한다. 당신은 어디를 향하고 있는가? 2년 후, 3년 후, 5년 후에 당신의 삶은 어떤 모습일까? 당신은 무엇을 설계하고 있는가? 거기 앉아서 모든 것을 운명에 맡겨버릴 텐가, 아니면 미래를 규정하고 그 현실을 살아가도록 매 순간 스스로를 다독이고 격려할 텐가?

지금 당장 미래의 삶을 드러내라. 미래에 보고 싶은 것들, 당신이 미래에 될 수 있는 온갖 것들을 설계하라. 지금으로부터 1년 후 하고 있을 일을 상상하라. 그 미래를 드러내기 위해 오늘은 무슨 행동을 할 것인가? 당신은 어떤 종류의 관계를 갖고 싶은가? 눈에 보이는가? 좋다. 그러면 현재 이 순간을 보라. 그 미래를 드러내기 위해 당신은 무슨 행동을 하고 있는가?

계속하라. 당신이 어디에서 살고 있을지 그려보라. 어떤 집, 어떤 동네에 살고 있는가? 아니, 정말로 구체적으로 그려보라. 그것을 공유할 사람을 그려보라. 애인일 수도 있고, 가족, 반려견, 어쩌면 당신 혼자일 수도 있다. 이번에는 그 모든 것과 비교하며 현재의 삶을 한번 보라. 현재 삶은 돌덩어리이고, 미래는 당신의 다비드상이다. 당신이 가장 먼저 해야 할 일은 무엇인가? 어떤 도전이 생길 것 같은가?

어쩌면 이미 죽은 것이나 다름없는 그 관계를 끝내거나 인생의 다른 큰 그림을 그려야 할지도 모른다. 이해한다. 쉽지는 않을 것이다. 하지만 기억하라. 과거를 반복하는 삶을 살 것인가, 아니면 완전히 새로운 미래를 드러내는 삶을 살 것인가? 선택을 내려야 할 때다.

사는 동안 매일매일 이 과제에 매달리지 않는다면 당신은 이미 죽은 것이나 마찬가지다. 분명하다.

당신 삶에 대단한 비밀 같은 것은 없다. 느닷없는 운은 없다. 신비스러운 뜻 따위도 없다. 당신을 가장 위대하게 만들어주거나 인생에 대단한 목적을 부여해줄 수 있는 단일한 무언가는 없다.

우주는 당신 편이 아니다. 우주는 누구의 편도 아니고, 당신에게 악감정을 갖고 있지도 않다. 어떤 일이 벌어진다면 그것은 오직 당신이 거기에 계기를 주었기 때문이다. 그뿐이다.

더 이상 판타지나 신파, 막연한 기대 속에서 허우적거리지 마라. 제발 좀 깨어나라.

분노에서 우울함, 기쁨, 흥분, 무관심에 이르기까지 당신의 모든 경험은 인간적인 것이지만, 매번 그것들을 끌어안고 끙끙댈 필요는 없다.

당신은 망가지지 않았다. 고칠 것은 아무것도 없다. 당신은 고쳐야 할 의자가 아니다. 거기서 나와 당신의 미래를 드러내라. 당신의 미래를 위대한 무언가로, 인생을 바칠 만한 무언가로 만들어라.

인생이 정말로 무엇인지 아는가? 당신이 부여받은 그 몸뚱이를 갖고 놀 수 있는 기회다. 시도도 해보고, 속여도 보고, 한계까지 밀어붙여도 보고, 빌어먹을 죽기 전까지 이 삶을 살아볼 기회. 당신이 그토록 갈망하던 확실한 무엇은? 단 하나다. 우리는 죽는다는 것.

그때까지 당신은 이 영광스러운 기회를 이용해서 스스로에 관해 알고 있던 모든 것을 뛰어넘어볼 수 있다. 시간이 다할 때까지 할 수 있는 한 가장 많이 사랑하고, 용서하고, 모험하고, 열정을 쏟고, 헌신하고, 이해해볼 수 있다. 당신 삶에 들어온 사람들의 눈을 정면으로 바라보고 늘 되고 싶었던 그런 사람이 돼라. 진짜 당신이 돼라.

당신 삶의 주인이 되라. 남은 하루하루에 무엇까지 가능한지 깨닫는 데 필요한 일을 하라.

미래는 이미 도착했다. 그 미래를 위해 당신은 대체 무엇을 할 것인가?

옮긴이 | 이지연

서울대학교 철학과를 졸업 후 삼성전자 기획팀, 마케팅팀에서 일했다. 현재 전문 번역가로 활동 중이다. 옮긴 책으로는 『시작의 기술』, 『인간 본성의 법칙』, 『위험한 과학책』, 『제로 투 원』, 『빅데이터가 만드는 세상』, 『기하급수 시대가 온다』, 『빈곤을 착취하다』, 『만들어진 진실』, 『리더는 마지막에 먹는다』, 『인문학 이펙트』, 『토킹 투 크레이지』, 『행복의 신화』, 『평온』, 『매달리지 않는 삶의 즐거움』, 『다크 사이드』, 『포제션』, 『내가 사랑했던 모든 남자들에게』 외 다수가 있다.

내 인생 구하기

초판 1쇄 발행 2020년 3월 27일
초판 7쇄 발행 2023년 11월 13일

지은이 개리 비숍 **옮긴이** 이지연

발행인 이재진 **단행본사업본부장** 신동해
편집장 김예원 **디자인** 디스커버
마케팅 최혜진 이인국 **홍보** 반여진 허지호 정지연 송임선
국제업무 김은정 **제작** 정석훈

브랜드 웅진지식하우스
주소 경기도 파주시 회동길 20
문의전화 031-956-7361(편집) 031-956-7089(마케팅)
홈페이지 www.wjbooks.co.kr
인스타그램 www.instagram.com/woongjin_readers
페이스북 www.facebook.com/woongjinreaders
블로그 blog.naver.com/wj_booking

발행처 ㈜웅진씽크빅 **출판신고** 1980년 3월 29일 제406-2007-000046호

한국어판 출판권 ⓒ㈜웅진씽크빅, 2020
ISBN 978-89-01-24012-1 03320